자신의 인생을 오롯이

자식들을 위해 희생하고 가신 어머니,

매일매일 정화수를 떠 놓고

자식들 잘되기만을 천지신명님께 기도하신

우리 어머니께 이 책을 바칩니다.

그 아이는
기부천사가
되었다

㈜대한개발 웨이크힐
김재문 회장

남양주 토박이로 태어나고 자라 독학으로 자수성가를 했다.

너무 가난해서 어릴 적부터 천마산에서 아이스께끼와

뱃지를 파는 등 안해 본 일이 없다.

혼자 힘으로 건축을 공부해서 고향 남양주에 전원주택을 지으며

사업의 세계에 발을 디뎠다.

가곡리 전원주택 마을과 가곡리 웨이크힐 등을 성공적으로

분양하면서 큰 돈을 벌었다.

그러나 그는 자신이 번 돈을 늘 나누고 베풀었다.

남양주에도 1억원을 기부하여 아너소사이어티 15호 회원이다.

매년 불우이웃돕기 성금을 내며 나눔을 실천하고 있다.

운동신경이 좋아 골프 배운지 4개월만에 싱글이 되었고 골프를

통한 나눔을 실천하다 보니 마석골프회 회장의 자리까지

맡게 되었다.

지금은 인생의 가장 큰 후원자인 어묘숙 여사, 아들 김민수,

딸 김민지 등 가족과 함께 하는 행복한 노후를 준비중이다.

어떻게 물로 배를 채웠던 한 아이가
1,000억을 기부할 거부가 되었을까?

"행복한 가정이란 모두가 서로 매우 비슷하지만 불행한 가정은 제 나름으로 불행한 것이다." 톨스토이의 안나 카레니나 첫 구절에 나오는 말이다. 세상 모든 사람은 자기만의 불행을 얘기한다. 처음에는 호기심으로 그 불행을 듣다가 조금 지나면 그렇게 크게 다가오지 않는 경우가 많다. 이걸 누군가는 체감 불행의 차이라고 한다. 세상에 어렵게 살지 않은 사람은 아마도 없을 것이다. 굳이 안나 카레니나로 폼을 잡지 않아도 사람들은 저마다의 불행, 저마다의 짐을 지고 인생을 살아간다. 등이 휠 것 같은 삶의 무게에 신음 소리를 내뱉어도 고통과 불행의 시간은 지나가고 어느덧 머리 위에 흰 눈이 소복이 쌓이면 지난 시간, 지나온 아픔을 더듬어 보게 된다. 사람들은 '나 이렇게 힘들게 살아왔어.'라고 이야기를 꺼내지만 막상 구체적인 과거를 이야기하려 하면 쉽게 말을 꺼낼 수가 없다. 다시 과거의 아팠던 기억을 들추려 하니 트라우마처럼 그 아픔이 샘솟아 말을 이어갈 수 없기 때문이다. 이제는 말을 할 수 있다고 얘기하지만 그 옛날의 그 아픈 현장으로 잠시 시공 이동을 하게 되면 더 이상 말을 할 수 없는 지경에 이른다. 그래서 술의 힘을 빌리지 않으면 진도가 나가지 않는 사람이 많다. 이럴 때 술은 진통제 주사나 다름없다.

사실 오래전부터 내 삶의 굳은살을 글로 표현하고 싶었다. 이제는 어느 정도 성공을 해서 다른 사람에게 나눔을 실천하고 싶은 자리에 올라서 있다 보니 그동안의 내 삶을 세상 사람들과 공유하고 싶다는 생각이 가슴 속 저 밑에서 치밀어 올랐다. 굳이 말하면 자서전이겠지만 나는 소위 국회의원들처럼 멋만 부리는 그런 자서전은 쓰고 싶지 않았다. 그냥 죽고 싶을 만큼 힘들었던 나의 과거, 그 밑바닥에서 생존해서 나 같은 사람도 이렇게 성공해서 세상을 위해 좋은 일을 할 수 있다는 것을 지금의 MZ 세대들에게 진정성 있게 보여주고 싶었을 뿐이다. 바로 그 소박한 마음 하나가 나에게 펜을 들게 하고 내 삶을 끄적거리게 했다. 솔직히 말하면 글을 쓰는 게 쉽지 않았다. 목표 의식은 분명했지만 내가 너무나 힘들어했던 과거의 장면들을 하나씩 떠 올리다 보니 그 아픔들이 다시 살아나 나를 아프게 했다. 잊으려 해도 도저히 잊을 수 없는 트라우마들이 내 글의 발목을 잡고 놓아주지 않았다. 그래도 나는 해야 했고 해내리라 생각했다. 가난의 벼랑 끝에서 살아온 그 정신으로, 해병대 특등 사수의 그 정신으로 나의 트라우마들을 끌고 가면서 글을 썼다.

'아니, 하시는 일도 많은데 언제 이런 글을 다 쓰셨어요?' 나를 아는 사람들은 내가 글을 쓰고 책을 내는 이 일에 아주 놀랄 것이다. 그러나 나는 평소에 틈틈이 글을 써 왔던 사람이다. 웨이크힐의 거실에 앉아 저 멀리 내 어릴 적 놀이터인 천마산을 바라보며 옛 생각에 잠겨 글을 썼다. 마치 4차원 여행을 떠나듯 시공간을 뛰어넘어 나의 60여 년 인생을 글로 돌아다녔다. 글로 또 다른 나를 만나는 그 시간이 참 좋았다. 나는 컴퓨터로 글을 쓰는 사람이 아니다. 소설가 김훈처럼 펜으로 꾹꾹 눌러 내 이야기를 썼다. A4 용지 한 두 장이 후루룩 넘어갈 정도로 나의 절절한 옛날이야기들이 내 글을 밀고 나갔다. 나름 잘 살아냈다고 과거의 나를 칭찬하며 글을 썼다. 누가 보면 '어떻게 이런 인생이 다 있을까?' 싶은 이야기들이 나의 슬픔, 아픔과 손을 잡고 세상 밖으로 걸어 나왔다. 국제시장이라는 영화를 보면 그 시절의 실제적 사실에 사람들은 공감한다. 그 시절을 살아온 사람들에게는 같이 공유할만한 이야기들이 많기 때문이다. 그래서 우리는 그 영화를 거짓이라고 욕하지 않는다. 내 이야기도 마찬가지다. 그 시절을 살아온 사람들이라면 느낄 수 있었던 이야기들이 흘러간다. 다들 가난했고 다들 삶이 전쟁이었던 사람들이기에 공감하고 끄덕일 이야기들이다. 나는 그 공감의 마음으로 글을 썼고 이 책을 통해 그 시대를 같이 살았던 사람은 물론이고 그 시대를 전혀 모르는 MZ 세대들과도 공감의 손을 내밀고 싶은 것이다.

　너무나 공부하고 싶었던 나이지만 가난 때문에 학교를 그만두어야 했다. 물론 어떤 창피한 한 사건이 이유 중의 하나였겠지만 나는 평범한 보통 학생으로 살지 못했다. 그게 한이 되었다. 교과서와 책 대신 아이스께끼와 뱃지 등을 파는 생존의 일상이 내 자리가 되었다. 교실에 앉아 있어야 할 학생이 당장 끼니를 걱정하며 물건을 팔아야 하는 생활 전사가 되어야 했다. 이 책은 그 어린 전사가 그 전쟁터에서 어떻게 살아남았는지에 관한 이야기가 될 것이다. 그 누구에게도 털어놓지 못한 이야기들이 고백하듯이 이 책에 펼쳐질 것이다. 돈을 많이 벌어서 으스대는 이야기가 아니라 축적된 아픔과 생존력이 어떻게 지금의 김재문을 만들었는지를 보면 좋을 것 같다. 그래서 요즘 MZ 아이들이 '나도 김재문 회장님 할아버지처럼 살면 지금 보다 조금 나은 자리에 설 수 있겠구나'하는 마음을 먹게 하고 싶었다. 사람에 따라

다르겠지만 어떤 사건은 트라우마이고 어떤 사건은 살아가는 에너지가 된다. 나에게는 어떤 것이 트라우마이고 어떤 것이 에너지인지 구분할 지혜는 없다. 나는 그저 내가 겪은 사건을 통해 내게는 없는, 그 누구도 갖지 못한 지혜를 얻고 싶었고 내 인생 앞에 겸손해지고 싶었다. 그리고 나와 인연을 맺은 모든 사람 앞에서도 겸손해지고 싶었다.

좋은 문장은 형용사 없이도 감동을 줄 수 있어야 한다고 했다. 나의 이야기는 굳이 형용사를 갖다 붙이지 않아도 빨려들 수밖에 없는 이야기들이다. 그래서 글을 단지 페이지를 채우기 위해 구구절절이 늘리고 싶지 않았다. 이 책에서는 단순히 김재문이라는 한 사람의 역사가 아니라 그 사람이 전쟁터를 뚫고 나온 그 삶 속에서 지금을 살아갈 에너지와 지혜를 얻을 수 있을 것이다. 내 인생을 이야기할 때 흔히 나오는 말이 자수성가다. 그러나 이 말은 언뜻 보면 쉬운 말이지만 만만치 않은 무게를 담은 말이다. 특히 먹고 사는 문제를 넘어 생존의 벼랑 끝에 몰린 인생에는 낙타가 바늘구멍을 통과하기보다 어려운 말이 자수성가일 것이다. 살아

11

남는 게 우선인데 어떻게 성공을 이야기하겠는가. 나의 10대, 20대, 30대는 그저 살아남아야 하는 게 절대 과제인 시기였다. 오늘 일을 해서 돈을 벌지 않으면 내일 죽을지도 모르는 환경이라면 어느 누가 한 시간 한 시간을 악착같이 살지 않겠는가. 그래서 내 어린 시절을 한마디 말로 표현하면 "살아야만 했다"일 것이다. 그만큼 절박한 시간을 건너왔다. 어린아이가 죽음의 위기가 느껴지는 일상에서 얼마나 공포스럽고 얼마나 단단해져 갔을까. 나는 지금도 구제역으로 버리기 아까워 온몸에 피떡 칠을 하며 돼지의 살을 발라내던 그 공포스러운 장면에 몸서리가 쳐진다.

나는 남양주 시골 촌놈 토박이다. 그 시골 촌놈이 독학으로 건축 일을 배워 남양주에 들어와 살 멋진 집을 짓고 자수성가를 이루었다. 내가 이룬 이 일은 나 자신도 기적이라고 말한다. 전쟁의 폐허 위에서 장미꽃을 피운 대한민국의 기적처럼 낙타가 바늘구멍을 유연하게 통과한 자수성가의 기적을 이루었다. 10대의 어린 나이에 험한 장사란 장사는 다

해보고 제대로 밑바닥의 설움을 살았던 한 인간이 이제는 1,000억 원 기부를 꿈꾸는 사람이 되었다. "1,000억이요?" 나의 말을 믿지 않는 듯 비웃는 기자에게 나는 그 능력이 될 수 있음을 증명할 수 있다고 했다. 그리고 이 책도 여러 사람에게 읽히면 수익금 모두를 기부할 생각이다. 기부할 수익금 액수를 늘리기 위해서도 나는 이 책을 한국뿐만 아니라 미국, 중국, 일본, 유럽에도 번역할 생각이다. 꿈은 시작부터 크게 꾸는 게 좋다.

내 인생은 기적이라는 말이 가벼울 정도로 엄청난 일이었다. 야구에서 20대 0으로 지던 팀이 9회 말에 21대 20으로 뒤집은 것과 맞먹을 정도의 일을 나 김재문이 해냈다. 이 책은 그 엄청난 인생의 반전, 놀라운 기적이 담겨있다. 어찌 보면 한국인이 흔히 경험할 역사라고도 하지만, 그 속에 아무나 경험할 수 없는 이야기가 숨어 있다. 우리는 왜 남의 이야기, 남의 역사에 집중하는가. 내가 겪어보지 못한 그 이야기에서 나의 경계를 넘어설 징검다리를 만날 수 있기 때문이다. 놀라운 도약의 에너지를 얻을 수 있기 때문이다. 그래서 지금 우리가 펼쳐놓는 김재문의 이야기는 단순한 한 인물의 역사라기보다 한 시대의 아픔을 온몸으로 딛고 일어선 평범하지 않은 인물의 도약 에너지를 만나는 책이 될 것이다.

이 책은 총 4개의 Chapter로 구성되어 있다. 첫 번째 Chapter는 나의 유년 시절과 청량리 학원에서 건축학을 배우던 시절까지의 이야기고 두 번째 Chapter는 그 어린아이가 어떻게 1,000억을 기부할 거부가 되었는지의 이야기가 펼쳐진다. 그리고 세 번째 Chapter는 나의 노년, 나의 미래, 내 가족에 관한 이야기를 담았다. 내가 기부를 생각하는 것은 그만큼 힘들게 살아왔기 때문이고, 지금 힘들게 사는 사람들이 눈에 들어오기 때문이다. 나는 내가 어느 정도 여유를 갖게 되었다고 과거를 망각하는 사람이 아니다. 어느 한 사람의 성공은 그 사람만의 힘으로 된 것이 아니다. 나는 그걸 너무 잘 안다. 그래서 자기에게 들어온 행운에 겸손하고,

자기에게 들어온 돈에 감사하며, 자기보다 어려운 사람에게 눈을 돌리는 것이다.

다들 자기 것만 생각하는 세상이다. 세상이 각박해져 가니 주변을 돌아볼 여유가 없다. 나만 먼저 가려고 뒤처지는 사람을 생각하지 않는다. 나만 공부 잘하면 낙오된 아이들이 어떻게 되든 상관을 안 한다. 내 회사만 잘 되면 경쟁업체의 현실이 어떻든 아무런 상관이 없다. 이런 극단적 이기주의로는 건강한 사회를 만들 수 없다. 그렇게 해서 번 돈이 과연 행복한 돈일까. 그 돈이 과연 얼마나 오랫동안 자기 자신을 행복하게 할까. 나는 늘 사람이 살아가면서 깨달아야 할 본질, 우리는 과연 어떻게 사는 게 올바른 길일까 고민한다. 내 인생은 그냥 돈만 쫓으며, 성공만 쫓으며 달려온 인생이 아니다. 나도 아프지만 내 옆의 아픈 것을 볼 줄 아는 마음을 가지며 살았다. 내가 잘 벌면 고맙지만 내 경쟁자 역시 잘 벌기를 바라는 마음도 내 한구석에는 늘 갖고 있다.

나는 공부에 대한 한이 있다. 더 배우고 싶지만 그럴 수 없었고, 한번 시기를 놓치니 다시는 그럴 기회를 찾기 힘들었다. 그래서 배움이 필요한 순간에는 더 악착같이 달려들었고 나보다 수준이 높은 사람에게서 많이 배우려 했다. 늘 겸손하게 배움의 자세로 살았기에 인생 전체가 대학이 되었다. 나 혼자 잘 살기 위해서 전력 질주하는 공부가 아니라 더불어 잘 사는 길이 무엇인지 고민하는 공부를 했다. 사실 우리 인생의 진정한 공부가 바로 이런 것 아니겠는가. 공감력이란 말이 있다. 나의 아픔만을 이야기하기보다 다른 사람의 아픔을 들을 줄 아는 능력을 말한다. 공감력은 인간에게만 있는 능력이지만 아무에게나 있는 게 아니다. 나는 내가 아픈 만큼 남을 돌아보는 공감력을 키워왔다. 내 아픔만 보는 것이 아니라 다른 사람의 아픔을 들여다볼 줄 아는 힘을 키워왔다. 그래서 주변에 좋은 사람이 모이고, 회사 경영도 꾸준하게 성장한 것 아닌가 생각한다.

나는 이 책을 쓰면서 나 스스로 힐링이 되는 순간을 몇 번이나 경험했다. 저절로 눈물이 흐른 순간도 있었다. 이제는 그런 감정을 누르기 힘든 나이가 된 것 같다. 나의 이런 감정, 생각, 깨달음이 온전히 독자에게 전달되었으면 하는 소박한 바람을 가져 본다. 내 인생이 그렇듯 책이라는 큰 산을 하나 넘었다. 그 산을 올랐던 경험이 나를 또 얼마나 더 성장시켰는지 나 자신은 잘 모른다. 다만 나의 그 경험이 다른 이들에게 삶을 살아가는 에너지가 되었으면 하는 바람은 크다. 나는 노자 도덕경 8장 상선약수를 좋아한다. 지상 최고의 선은 물과 같다는 말이다. 물은 만물을 이롭게 하고 다투지 않는다는 그 의미를 좋아한다. 나의 이 책이 만물을 이롭게 하는 책으로 이 세상에 흘러 들어갔으면 한다.

천마산 정상을 바라보는 웨이크힐 거실에서
김재문

목차

들어가는 말

어떻게 물로 배를 채웠던 한 아이가 1,000억을 기부할
거부가 되었을까?

Ch.1 _____

공부를 손에 놓고 생존의 전쟁터에 뛰어들던
그 처절한 시절

| 화전민의 아들, 마구간에서 자란 비참한 어린 시절 24
| 천마산에서 뱃지와 아이스께끼 등을 팔며 장사를 하던 중학생 30
| 내 인생을 송두리째 바꾼 금곡 명성황후릉 소풍 사건 35
| 내가 팔던 아이스께끼 통이 계곡으로 굴러떨어진 그때 41
| 그 가난한 아이가 대한민국 최고의 해병이 되다 47
| 저, 용달차를 하나 사서 소 장사를 하고 싶습니다 56
| 수돗가에서 돼지 열병에 든 고기를 잘라내던 무서운 기억 61
| 술 취한 분을 사망하게 한 대형 사고를 내다 64

Ch.2 _____

사고와 실패의 연속 그리고 죽음의 체험 후
쓰나미 같이 다가온 행운

| 본격적으로 건설업에 뛰어들다 70
| 내 욕심이 부른 무도매 장사로부터의 사기 74
| 난생처음 나를 펑펑 울게 한 아버지의 지갑 78
| 독사에 물려 죽기 전에 오토바이에서 떨어져서 죽겠다 85
| 자동차 급발진 사고로 머리를 크게 다친 2002년 어느 날 89
| 나는 저승사자와 싸우고 살아 돌아온 사람이다 93
| 생선 탑차에 사기도 당하고 98
| 나의 부도 이야기, 그리고 쓰나미 같은 인생 대반전 101

Ch.3

쌍무지개를 두 번 보고 내가 큰 부자가 되었던 것인가?

| 나이아가라 폭포에서 바라본 쌍무지개 110

| 용이 황금알 3개를 낳은 아내 어묘숙의 꿈 이야기 114

| 나를 정신 차리게 한 식당 아줌마의 한마디 117

| 나는 정규직 비정규직 직원을 동등하게 대우했다 120

| 집터를 고르다가 12m 돌 부부를 만난 행운 125

| 나는 늘 나누고 베푸는 사람이다 130

| 2015년 웨이크힐 타운하우스를 아들과 함께 성공시키다 134

| 나의 큰 재산이자 엔돌핀인 동생 명우가 내 원고를 보고 보낸 글 139

| 골프 배운지 4개월 만에 싱글! 그리고 마석 골프회 회장 취임! 143

| 전원주택 그다음은 아파트 사업이 목표다 149

| 10년 이상 계곡에서 능이백숙을 베풀다 154

| 내가 사는 곳은 남양주의 독립운동가인 이석영 어른이 살던 곳 158

| 폭포 밑으로 떨어져서 쌍무지개를 보았던 그 꿈 163

| 남양주시를 슈퍼 성장으로 이끈 주광덕 시장님을
  형님으로 모시며 166

| 2020년 강병선 회장님의 제빵소 덤 개업을 축하하면서 170

Ch.4

환갑을 넘기며 이제 다음 인생을 준비한다

| 닭 머리만 드셨던 아버지를 생각하며 178
| 내가 비행기 타서 죽으면 3억을 우리 아들에게 줄 수 있는데 180
| 어머니를 아버지 옆에 모시다 186
| 산소에서 잠이 들었다가 비를 맞으며 도망나왔던 그 어두운 밤 189
| 처가댁 7남매와의 우애 있는 교감 192
| 우리 가족과 같이 살아간다는 게 이렇게 좋구나 197
| 내 아내가 자식 농사를 이렇게 잘 지었구나 202
| 무에서 유를 창조한 그 아이는 어느덧 환갑을 넘겼다 205
| 부자가 아니어도 부자처럼 나누고 치열하게 살면 부자 된다 210
| 딸의 결혼을 앞두고 아빠의 마음을 담아 편지를 쓰다 214
| 나는 돈이 많아도 지금의 인생을 다시 살고 싶지는 않다 222

나가는 글   다음 생도 반납하며 한 줌의 재로 돌아가려다 228
Photo story   사진으로 보는 나 김재문의 삶 236
편집 후기   "내 글이 투박하더라도 웬만하면 고치지
            말아 주세요." 256

Ch.1

공부를 손에 놓고 생존의 전쟁터에
뛰어들던 그 처절한 시절

가난은 겪어보지 못한 사람은
그 아픔을 느낄 수 없는
엄청난 통증이고 트라우마이다.
소풍 도시락 사건이 학교를
그만두게 된 작은 계기였다.
이후 정말 어린 나이에
안 해본 일이 없을 정도로
생존의 전쟁터를 누비고 다녔다.
배도 고프고 공부도 고팠지만
일단 살아야 했다.
그렇게 그 시절을 낮은 포복으로
통과해 왔다.

| 화전민의 아들, 마구간에서 자란 비참한 어린 시절

| 천마산에서 뱃지와 아이스께끼 등을 팔며 장사를 하던 중학생

| 내 인생을 송두리째 바꾼 금곡 명성황후릉 소풍 사건

| 내가 팔던 아이스께끼 통이 계곡으로 굴러떨어진 그때

| 그 가난한 아이가 대한민국 최고의 해병이 되다

| 저, 용달차를 하나 사서 소 장사를 하고 싶습니다

| 수돗가에서 돼지 열병에 든 고기를 잘라내던 무서운 기억

| 술 취한 분을 사망하게 한 대형 사고를 내다

화전민의 아들,
마구간에서 자란 비참한 어린 시절

나는 남양주군 가곡리에서 태어났다. 지금은 시가 되었지만 내가 태어나고 자라던 시절에는 남양주군이었다. 내가 살던 마을은 초가집 20여 가구가 옹기종기 모여 있는 가난한 마을이었다. 그래도 그 마을에 기와집이 딱 한 곳 있었는데 그 집은 우리 마을 사람들의 선망의 대상이었다. 초가집 중에 기와집 한 채는 얼마나 눈에 띄었겠는가. 대한민국의 50, 60년대는 우리 집, 우리 마을만 가난한 게 아니라 대부분 가난한 시절이었다. 그중에서도 남양주는 더 가난한 시골이었다. 아니 우리 집이 너무나 가난했기에 그렇게 느꼈을 수도 있다. 찢어진 바지, 찢어진 양말은 흔했다. 아니 그것만으로도 감지덕지했다. 구멍 난 양말을 기워 신고 다니는 아이는 그나마 잘 사는 축에 들어간다. 나는 아예 양말도 없이 맨발로 고무신 신고 다닌 적이 많았다.

70년대에는 전국적으로 화전민 소탕 작전이 시작되던 때였다. 우리나라의 주요 산을 국립공원으로 막 지정하기 시작하면서 산림과 자원 그리고 생태계를 보호한다는 명목으로 산에서 근근이 생계를 이어가던 화전민들을 쫓아내기 시작했다. 우리 집도 화전민이었고 나는 화전민의 아들이었다. 산이 내 집이었고 산에서 나는 모든 것들이 내 먹거리였다. 배가 너무 고파서 잡초라도 뜯어 먹고 싶을 정도로 힘들었다. 내가 지금 편안하게 앉아 내 인생을 돌아보며 이 글을 쓰고 있지만 내 인생은 차마 뭐라 표현하기 힘들 정도로 비참했다. 우리 집은 산속의 빈 땅에서 어렵게 하루하루를 살아가고 있었는데 그곳에서조차 쫓겨나서 졸지에 삶의 터전을 잃고 마구간을 전전하며 살았다. 이집 저집 빌어먹고 무보수로 일을 해주면서 입에 풀칠하던 참 암담한 시기였다. 우리 같은 화전민을 쫓아낸 그 자리는 나라에서 도시의 무절제한 확산을 막으려고 그린벨트로 묶어 버렸다.

　지금이야 그런 역사적 배경을 알게 되었지만 어린 나이에 나라가 하는 일을 알 수는 없는 법이다. 천마산 이곳저곳을 뛰어다니며 계곡에서 물장구치고 산딸기 따 먹는 일이 나의 일상이었다. 감자 서리, 옥수수 서리도 하면서 배고픔을 겨우 달래며 살았다. 늘 배고팠던 시절이었고 세상이 나처럼 다 배고프게 사는 줄 알았다. 가난했지만 어린아이는 어린아이였다. 놀고 싶은 게 있으면 어느 순간 배고픔도 잊었다. 그러다 다시 놀거리가 없으면 허기를 느끼고 서글퍼진다. 그 서글픔은 나이를 먹고 세월이 한참 지나도 사라지지 않는다. 이 글을 쓰면서도 그 배고픔과 서글픔 사이에서 마음이 갈팡질팡한다. 먹고 사는 문제가 해결되어야 사람답게 사는 것 아니겠는가. 나의 어린 시절은 사람답지 않은 삶이었다. 화전민의 집은 집이라고 할 것도 없었다. 합판으로 바람을 막고 비닐로 비를 막았다. 그런 곳에서 식구들이 모여 살았다. 화전민의 밑바닥 인생, 그리고 그조차도 쫓겨나 마구간에서 살던 내가 1,000억을 기부할 생각을 할 거부가 되었다는 것은 기적이라는 말 말고는 설명할 수가 없다. 밑바닥 중의 밑바닥인 내가 그렇게 기적의 삶을 만들었듯이 이 책을 읽는 그 어떤 사람도 당신의 인생에서 나와 같은 기적을 충분히 만들 수 있으리라 생각한다. 특히 MZ 세대들은 그런 희망을 품어도 좋을 것 같다.

당시에 아버지는 동네 농사 품앗이 일을 하면서 먹을 것들을 벌어 오셨고 어머님은 어떻게든 자식들 먹여 살려야 했기

남양주 마석초등학교 가곡분교 시절

에 머리에 물건을 이고 전국 장터를 돌며 장사를 하셨다. 어머니는 걸어서 30리는 기본으로 걸어 다니셨다. 아버지도 나름 험한 일을 하며 사셔서 그런지 늘 스트레스로 여기저기 아픈 곳이 많았다. 나는 부모님의 그런 고생을 너무 가까이서 보며 자랐다. 그런데 부모님 살아생전에 제대로 못 모신 것 같아 마음이 아주 아프다. 내가 지금의 아들딸들에게 내가 번 모든 것을 주려고 하는 것은 자식을 위한 어머니의 이런 희생, 지극정성을 가까이서 보았기 때문이다. 자신이 배를 곯아도 자식만큼은 배고프게 하고 싶지 않은 그 마음, 내가 조금 고생해도 우리 자식들은 고생시키지 않겠다는 그 마음 말이다.

모든 어머니들이 그러했겠지만 우리 어머니는 화전민의 비참한 삶을 벗어나고자 더 고생을 많이 한 것 같다. 정말 악착같이 사신 어머니였다. 어머니는 늘 바깥으로 일을 다니셔서 어린 나는 할머니가 많이 챙겨주셨다. 가난한 일상이다 보니 할머니의 몸도 그렇게 건강한 편은 아니었다. 그럼에도 귀한 손주가 초등학교 들어간다고 뚜껑 멜빵 가방을 사주셨다. 그 당시 그 가방은 자랑하고 다녀도 좋을 만큼 좋은 가방이었다. 할머니는 손주의 기를 살려 주시고 그 얼마 후 돌아가셨다.

늘 배고팠던 그 아이는 마석초등학교 가곡분교에 입학한다. 가곡분교는 새로 지은 학교여서 우리는 입학하자마자 공부하는 시간 보다 조경, 운동장 정리 등에 더 많은 시간을 보냈다. 그래도 새로운 친구들을 만나는 기쁨이 커서 학교 가는 시간이 즐거웠던 것으로 기억한다.

천마산에서 뱃지와 아이스께끼 등을 팔며
장사를 하던 중학생

초등학교는 그냥 철없이 다녔던 시절이었다. 늘 배고팠지만 그래도 친구들이 있어서 좋았다. 우리들의 놀이터는 천마산이어서 온 산을 다 돌아다니며 살았다. 60년이 지난 지금도 천마산 곳곳이 다 기억날 정도로 천마산은 나에게 어머니 같은, 내 집 같은 곳이다. 그래서 더 애착이 가고 그래서 이곳에 집을 지어 남양주 시민들에게 저렴하게 공급하고 있다. 내 인생의 모든 것이 이 천마산과 이어져 있다고 해도 과언은 아니다. 천마산을 수시로 오르락내리락했으니 체력은 참 좋았던 것 같다. 여전히 배고팠지만 몸은 바위처럼 딴딴해졌고 이때의 그 체력이 지금까지도 이어지고 있다.

　나는 초등학교를 졸업하고 당시 읍내인 마석에 있는 심석종합중학교에 입학했다. 꿈도 많았던 시기였고 세상이 참 넓구나 하는 생각도 들었던 때다. 나의 중학교 시절은 공부보다는 장사에 대한 기억이 더 많은 것 같다. 나의 주 생활무대인 천마산에서 난생처음 장사를 했다. 선배의 조언을 받아 천마산에 등산 오시는 분들에게 천마산 관광 뱃지와 아이스께끼를 팔았다. 처음에는 조금 창피했지만 시간이 지날수록 장사수완도 점점 좋아져서 재밌었다. 천마산에는 주말이면 등산객들로 북적이는 곳이다. 그들 중에 좋은 사람만 있는 게 아니라서 나쁜 아저씨, 아줌마들에게 시달렸다. 가난한 아이라고 함부로 대하는 그 어른들이 참 싫었다. 그래서 더 악착같이 돈을 벌려고 했다.

　내 주머니에 돈이 들어오기 시작했다. 몸은 힘들었지만 맛있는 것을 사 먹을 수 있는 돈이 생겼다. 그러나 나는 우리 집

형편이 아주 어렵다는 걸 너무 잘 아는 아이였다. 그래서 어렵게 번 돈은 집에 가져다주고 산에서 나는 산딸기, 앵두, 살구 등을 신문지를 접어서 만든 봉지에 담아서 먹었다. 그것조차 남은 것들은 천마산 등산객들에게 팔았다. 한참 먹고 싶은 게 많았던, 돈의 중요성도 몰랐던 그 아이는 그렇게 생존에 밀려 돈을 벌며 살았다. 아이가 돈을 버는 것은 어른보다 몇 백 배는 힘들었지만 나는 했다. 아니 해야 했다. 그것이 그 시절의 내 삶이었다.

나는 힘들게 번 그 돈으로 태어나서 처음, 서울 세운상가와 낙원상가에 가서 야외 전축을 샀다. 그 당시는 야전에 빽판을 올려놓고 춤을 추며 노는 게 유행이었다. 나도 그 유행을 즐기고 싶었다. 당시 1만 8천 원으로 야외 전축을 사서 동네 뒷동산에서 놀았다. 그 야외 전축은 작은 가방처럼 생겨서, 건전지로 작동하는 포터블(휴대용) 가전제품이었다. 크기는 보통 LP 음반보다 조금 넓고 긴 장방형으로 높이는 10㎝ 정도다. 자체 스피커 하나(물론 Mono)와 회전조절 스위치(33/45) 하나, 볼륨 스위치만 있다. 좀 넉넉한 집안 애들은 따로 스피커를 구해 연결하여 사용했지만 나는 그럴 수 없었다.

돈과 맞바꾼 그 청춘의 시간들이 아쉬웠겠지만 나는 나대로 그 시절을 최대한 즐기려 했다. 배는 고팠지만 마음은 고프지 않았다. 천마산 기슭은 배만 고프지 않으면 놀거리가 많은 곳이다. 나는 여름철만 되면 수동면 송천리로 경운기를 타고 간 적도 있다. 시골 아이라서 경운기 모는 것도 나름 능수능란했다. 놀거리가 별로 없던 시절이어서 경운기도 나에게는 놀이였다. 그래서 빨리 배웠던 것 같다. 사실 나는 학교와 집을 오고 갈 때는 늘 걸어 다녔는데 그럴 때면 강가에서 다슬기를 잡아 배를 채우곤 했다. 배가 너무 고픈데 먹을 게 없을 때는 두레박으로 물을 떠 마시면 물배를 채웠다.

그때를 기억하면 평생 지울 수 없는 내 마음의 죄가 있다. 심석종합중고등학교 1학년 시절, 나는 검은 교복을 입고 모자를 쓰고 다녔다. 나름 학생답게 갖추고 새로운 친구들과 한참 학교생활에 재미를 붙일 때였다. 친구들에게는 늘 잘난 것을 보여줘야만 하던 시기 아닌가. 없던 폼도 재던 그 시절에 시장도 잘 돌아다녔다. 삼일장, 팔일장 등을 돌아다녔고 그 유명한 우시장도 돌아다녔다. 당시 남양주시에는 소목장과 한우 사육지가 충청도보다 많았다. 내가 돈을 벌러 다니는 것은 집안이 가난했기 때문인데, 당시 어머니는 읍내 기찻길 밑 굴다리에서 장사했다. 어머니는 생선, 고구마, 무, 고추, 산나물들을 노상에 놓고 팔았다. 그런데 이 못난 놈은 그 어머니의 모습을 친구에게 보여주기 싫어서 돌아서 갔다. 고생하는 어머니를 외면했다. 그게 지금 생각해도 너무 가슴이 아프다. 아무리 사춘기 철부지라고 하지만 그러면 안 되는 거였다. 아마도 내 인생에 가장 하지 말아야 할, 가장 창피한 행동 아닌가 싶다. 그날 그 부끄러운 마음에 집에 돌아와 어머니를 더 많이 도와드렸지만 그래도 지금까지 그 못난 행동을 지울 수 없는 가장 창피한 행동으로 생각하고 있다.

내 인생에서 이 소풍 이야기를 어떻게 빼놓을 수 있을까? 심석중학교 2학년 어느 봄날이었다. 나는 꿈에 부풀어 소풍 가는 날만 손꼽아 기다렸다. 그러나 그 좋은 날이 내 인생 첫 시련이 될 줄은 꿈에도 생각 못 했다. 내 인생의 학력이 그 즐거운 소풍날 마침표를 찍을 줄 누가 상상이나 했겠는가.

내 인생을 송두리째 바꾼
금곡 명성황후릉 소풍 사건

소풍 당일 아침 어머니는 큰아들을 위해 정성 들여 도시락을 싸 주셨다. 워낙 먹성 좋은 아들을 생각해서 보리, 수수, 조를 넣은 잡곡밥을 큰 놋그릇에 꾹꾹 눌러 담아 베보재기로 정성을 들여 싸 주셨다. 어머니는 어린 애가 소풍을 가니 많이 먹으라고 두 그릇 분량을 한 그릇에 눌러 담았다. 당시는 가난해서 쌀밥은 너무 귀했다. 집안의 큰 놈이 소풍을 가니 더 정성을 들였고 나는 그 도시락을 허리춤에 꿰차고 설레

남양주 마석초등학교 가곡분교 소풍 갔을 때

는 마음으로 학교에 갔다. 버스를 타고 마석에서 다시 기차를 타고 금곡역에 하차해서 소풍 장소인 금곡 명성황후릉(홍릉)에 줄 서서 도착했다. 나는 친구들과 함께 어울리며 보물찾기도 하고, 여럿이 모여 합창도 했다. 장기 자랑을 하는 시간은 너무 재밌어서 시간 가는 줄 모를 정도였다. 오전 프로그램을 다 끝내고 점심시간이 되었다. 한참 신나게 놀다 보니 배가 너무 고팠다. 빨리 점심 먹을 생각만 했지, 나의 운명이 모욕과 창피를 당하고 처참하게 추락할 것이라는 건 전혀 상상도 하지 못했다.

나는 명성황후릉 맨 위쪽 상석에 자리를 잡았다. 점심을 먹으려고 어머니가 정성 들여 보자기에 싸 주신 도시락을 잔디 옆 바닥에 놓았다. 그런데 바로 그때 사고가 터졌다. 배고프고 급한 마음에 보자기를 빨리 잡아당겼는데 비탈진 그곳 아래로 놋그릇 도시락이 굴러 내려가기 시작했다. 아, 어찌 이런 황당한 상황이 있을 수 있을까. 나는 45도 경사의 그 비탈진 곳을 놋그릇 도시락을 잡기 위해 필사적으로 내려갔다. 젖먹던 힘을 다해 뛰고 또 뛰었지만 비탈면은 너무나 길었다. 거의 100m 이상을 도시락과 함께 굴러 내려오니 바닥에 놋그릇 따로, 밥 따로, 뚜껑 따로 널브러져 있었다. 그 순간 내 마음도 처참하게 널브러졌다.

나는 그 처참한 상황에서도 흩어진 놋그릇과 바닥에 떨어진 밥을 챙기려고 했다. 정신이 혼미한 상태에서 이것저것 손에 잡으려고 했으나 어떤 밥은 돌덩어리가 되어 있었고, 어떤 밥은 잔디가 묻어 농구공처럼 커다랗게 변해 있었다. 이 비참한 기분을 무엇으로 표현할까. 나는 조금 정신을 차려 돌덩어리 밥, 잔디 묻은 밥을 털고 자르며 아이들이 밥을 먹는 곳으로 올라갔다. 아이들에게 가까워질수록 내 밥은 작은 주먹 정도로 작아졌다. 나는 너무 창피해서 아이들이 있는 곳으로 가기 전에 밥을 다 먹은 것처럼 연기해서 자연스럽게 합류하려고 했다. 그러나 아이들은 이미 내 모습을 다 봤다.

"야, 재문아! 그걸 어떻게 먹냐? ㅎㅎㅎ" 아이들은 마치 동물원 원숭이를 보듯 내 모습을 보고 웃으며 놀렸다. 나는 그런 아이들 모습에 말 그대로 멘붕에 빠지고 말았다. 도저히 아이들과 나머지 소풍 프로그램을 해낼 수 없을 것 같았다. 친구들 눈을 마주칠 수가 없었다. 선생님에게 도움을 청할 상황도 아니었다. 한참 사춘기 시절의 자존심은 이 상황 속에서 머물고 버틸 용기마저 짓밟았다. 나는 그 비참한 마음을 어머니의 그 보자기에 담고 집으로 터덜터덜 돌아갔다. 올 때는 신나는 마음으로 기차를 타고 왔던 그 길을 3~4시간 걸어서 돌아갔다. 그 길이 천 길 낭떠러지 같은 길이었다. 집에 도착해 베보자기 도시락을 내려놓으니 어머니께서 소풍 잘 갔다 왔냐며 웃으며 반기셨다. 어머니의 그 모습을 보니 속이 더 쓰리고 아팠다.

"엄니, 어머니가 싸 주신 밥 아주 잘 먹고 잘 놀다 왔습니다."

심석중학교 시절 친구들과 함께

나는 그렇게 말씀드리고 다시는 학교에 가지 않을 다짐을 했다. 바로 이 순간이 내가 학교를 등지게 된 결정적 순간이었다. 도저히 창피해서 학교에 갈 수가 없었다. 그냥 아버지, 어머니 일을 도와 드리는 게 속이 편했다. 나는 집에서 쉬면서 밭갈이, 풀베기, 소여물 먹이기 일을 했다. 공부는 하고 싶었고, 책을 손에 쥐면 내 머리로 누구도 따라잡을 수 있을 것 같았다. 그래서 학교 다니는 것은 포기하고 검정고시를 준비해서 합격했다. 공부하면서 험한 돈벌이의 세계도 과감하게 뛰어들었다. 친구들은 한참 교실에서 공부할 때 나는 생활 현장에서 인생을 공부했다. 다시 그때를 생각하니 부끄럽고 비참한 마음을 감출 수가 없다. 그러나 그 상황이 지금의 나를 더 강하게 만들었음을 부인하지 않는다. 나는 그렇게 돌바닥에 밥이 구르듯 전쟁 같은 일상을 살며 점점 삶의 굳은살이 두꺼워져 갔다.

내가 팔던 아이스께끼 통이
계곡으로 굴러떨어진 그때

어느 더운 여름, 나는 여전히 천마산 등산로에서 뱃지를 팔고 아이스께끼를 팔았다. 그런데 이번에도 잊을 수 없는 사고 하나를 당하고 만다. 아이가 혼자 견뎌내기 힘든 일들이 너무 많이 벌어졌다. 세상에 참 험하고 무섭다는 사실에 몸서리를 친다. 천마산 기슭 동쪽에는 뾰족봉이 있다. 나는 그곳 돌 위에 아이스께끼 통을 놓고 등산객들에게 팔았다. 땀을 흘리며 산을 오르는 사람들이 북적거릴 정도로 아주 많아서 장사는 그런대로 되었다. 날이 너무 더워서 나도 정신을 차리지 못할 정도였다. 손님이 뜸한 사이에 잠시 쉬고 있는데 누군가 내 아이스께끼 통을 건드려 계곡 밑으로 굴러떨어지게 했다. 도시락이 굴러떨어진 중2 소풍 때의 일이 불현듯 내 머리를 스쳤다. 무언가 굴러떨어지는 것에 트라우마가 생길 것 같았다.

천마산은 지금도 그렇지만 산세가 험하고 골짜기가 깊었다. 참나무 숲으로 유명한 청정지역이어서 사람들이 많이 찾았다. 나는 내 밥벌이가 사정없이 계곡으로 추락하는 그 모습을 그냥 보고만 있을 수 없어서 아이스께끼 통을 잡으려고 그 계곡으로 거침없이 내려갔다. 그나마 내가 시골에 살았고 이곳 험한 지형을 잘 알았기에 가능한 일이지 그 또래의 외지인이었다면 엄두도 못 낼 위험하고 무서운 일이었다. 아주 깊은 숲이어서 하늘이 보이지 않을 정도였다. 아이스께끼 통이 구르면서 통 안에 있던 하드가 쏟아져 나와 낙엽, 흙이 묻었다. 나는 상품 가치가 없어져 버린 그 하드가 아까워서 그걸 다 먹으면서 올라왔다. 마치 명성왕후릉에 흙 묻은 밥을 털며 먹고 올라오던 그때와 비슷했다. 내게는 왜 자꾸 이런 아픔이 반복되는가. 어린 나이에 나는 그 누구도 경험하기 힘든 역경과 고통을 자주 마주쳤다.

아무리 거센 바람이 불어도, 아무리 고통이 심해도 생존을 위한 나의 밥벌이는 멈출 수 없었다. 그냥 아르바이트로 틈틈이 벌던 패턴에서 벗어나 나는 본격적으로 월급을 받는 취업에 나선다. 내 인생 최초의 취직은 설탕공장 청소부였다. 뱃지, 아이스께끼나 팔던 나에게는 너무 고마운 일이었다. 취직은 했지만 나이가 너무 어렸다. 그래서 같이 일하는 형들이 불쌍하다며 나를 집으로 돌려보내려 했다. 나이는 어렸지만 형들에게 배운 술·담배를 멋도 모르고 맛도 모른 채 즐겼다. 그렇게라도 같이 즐기면서 어린 나이를 조금이라도 높여 보려고 했다.

소풍 사건 이후 학업에서 손을 떼었던 나는 늘 배움이 고팠다. 나이를 한 살 두 살 먹으면서 그 배고픔은 더해져 갔다. 어느덧 고등 교육을 받을 나이에 검정고시를 준비했다. 지금 생각해도 가정 형편은 어려웠지만 공부 머리는 있었던 것 같다. 독학으로 책을 보면서 일과 공부를 병행했고 그렇게 검정고시에 합격했다. 그 어려운 상황에서 뭔가를 이뤘다는 기쁨이 참 컸다. 물론 세상일이라는 게 자기 혼자 힘으로만 헤쳐가기 힘든 것도 그때 깨달았다. 나는 당시 우리 남양주 지역의 공화당 협의회 의장님으로부터 많은 도움을 받았다. 그분은 지인의 소개로 만나게 된 내게는 참 귀한 분이었다. 그때는 어떤 다른 이유 없이 본능적으로 공부를 꼭 해야 한다는 걸 절실하게 느끼던 때였다.

천마산은 참 유서 깊은 산으로 천년 사찰 보광사가 있다. 나는 그곳에 계시는 최호익 선생님으로부터 동네 사람 3명과 함께 한문 공부(천자문)를 했다. 그야말로 옛날 서당식 공부였다. 일을 마치고 저녁 7시부터 9시 사이에 수업을 들었다. 낮 동안 힘든 일에 지친 몸이라서 공부를 하다가 문득문득 졸기도 했고 어떤 날은 깊이 잠이 들어 아침에 내려온 적도 있었다. 보광사에서 한문을 공부하던 그때가 아련하게 떠오른다. 우리 집에서 보광사까지는 약 2km 정도 거리다. 그 길을 걸어서 다녔다. 그 시절 가끔 밭을 정리해 달라는 일이 들어왔는데 비록 적은 금액이었지만 나는 그런 일을 하면서 늘 행복했고 감사한 마음을 가지면서 하루하루에 충실했다.

집안이 가난하면 돈을 벌기 위해 노예가 되어야 하던 시절이었다. 떠꺼머리 총각인 그 아이는 아버지가 돈을 빌리고 갚지 못하는 상황이 되자 읍내의 철물점에 1년 노예로 일을 해주기 시작했다. 아버지는 누나 시집 보내면서 빌린 50만 원을 못 갚고 있었다. 나는 그 철물점에서 1년간 붙잡혀 블록 만들기, 시멘트 상하차 등의 험한 일을 했다. 시멘트 무게가 40kg이나 나갈 정도로 아주 무거웠다. 너무 힘들어서 때려치우고 도망가고 싶은 생각이 들 때가 한두 번이 아니었다. 그 일을 어떻게 했나 지금 돌이켜 생각해 보면 참 신기할 정도다. 그러나 나는 우리 가족을 위해 참고 또 참았다. 힘들고 험한 일이었지만 이겨내고 싶었다. 최선을 다해서 좋은 소리를 듣고 싶었다. 주어진 일을 잘 해내야 그다음이 좋아질 것이라는 희망을 품으며 일했다.

나이를 한두 살 먹으니 몸도 더 커진 청년이 되었다. 청년의 몸을 유지하려면 뭔가를 채워 넣어야 하는데 여전히 가난해서 먹을 게 부족했다. 늘 배고프고 힘든 날은 계속되고 있었다. 나를 일 시키는 주인에게 잘 보여야 밥을 마음대로 먹을 수 있었다. 철물점 창고에서 자다 보면 목에 쥐가 슬금슬금 올라올 때가 있었다. 그 징그러운 쥐를 목에서 떼어내며 같이 살았다. 그렇게 열악한 현실이었음에도 나는 그나마 먹고 잘 수 있는 그 사실에 감사했다. 나는 내게 주어진 작은 선물에도 감사하는 버릇을 그때부터 갖기 시작했다. 워낙 가진 게 없었기에 작은 것도 고마울 수밖에 없었다. 젊어서 고생은 무언가 깨달음을 주었다. 어른들 말이 틀린 게 없었다. 고생했지만 얻어가는 것도 있었다. 나는 그것에 무조건 감사했다.

남양주 보광사 전경 (출처:경기관광누리집)

그 가난한 아이가
대한민국 최고의 해병이 되다

가난과 전쟁을 치르며 살았던 그 아이는 어느덧 나이 스무 살이 되어 대한민국 해병대에 입대하게 된다. 내가 더 단단한 성인이 되는 계기가 바로 그 해병대였다. 당시 나의 입대에 많은 친구가 따라와 환영해 주었다. 정희동, 정동환, 문성철, 고광룡, 박홍렬, 이상호, 장영수, 박창수, 강준식(미국 거주), 이우봉(풀무원 사장), 이응훈, 이광구 등의 이름을 떠올리니 그들이 사무칠 정도로 보고 싶어진다. 내 고향인 남양주시 가

보무도 당당한 강철 부대 해병 김재문

곡리는 가오리처럼 꼬리가 길게 늘어진 모양으로 마을이 생겼다고 해서 옛날 어르신들은 가오리 마을이라고 불렀다. 그곳에서 같이 자란 친구들이 너무 그립다.

사실 나는 사관학교를 가고 싶었다. 장군이 되고 싶은 꿈을 가지고 있었다. 당시 3군사관학교 시험을 봤는데 합격을 했다. 문제는 46만 원을 내야 했다. 가난한 내가 그런 돈이 어디 있겠는가. 그래서 해병대로 방향을 돌렸다. 해병대는 돈을 안 내도 되었다. 나는 가난했고 배고팠지만 선천적으로 체력과 체격이 좋았다. 당시 나의 해병대 사진을 보면 참 다부진 느낌을 갖게 될 것이다. 군대라는 곳은 기본적으로 체력과 체격이 뒷받침되어야 훈련을 잘 받을 수 있다. 나는 선임병들이 놀랄 정도로 해병대의 모든 훈련을 아주 잘 받았다. 상위 부대인 에이플러스 부대에서도 사격 및 모든 훈련 관련 상을 다 휩쓸 정도였다. 그렇게 대한민국 최고의 해병으로 성장해 갔다.

나는 대한민국 최전방에서 근무했다. 서부전선 맨 끝 섬 보름도에서 경계 근무를 하는 게 나의 일이었다. 어느 날 마을 해안가를 2인 1조로 경계하던 중 돌과 풀숲 사이에 어마어마하게 큰 구렁이를 발견했다. 겁이 없는 나였지만 그 구렁이를 보고 살짝 겁이 들어 뒤로 도망가면서 총을 겨누었다. 그런데 같이 근무하던 대원이 자신 있게 나선다.

"김해병님, 저 구렁이는 제가 잡겠습니다."

워커 끈을 풀어서 구렁이 머리를 동여맸다. 귀대하던 중 비슷한 크기의 구렁이를 또 발견했다. 그곳은 구렁이가 많은 동네였다. 동료 대원은 그 구렁이도 잡아서 부대에 가져가 구워 먹었다. 그런데 희한한 일이 벌어졌다. 솥에 구렁이를 넣고 불을 지폈는데 뚜껑을 열어 보니 구렁이알이 12개나 있었다. 모든 부대원들은 너무 놀랐다. 모든 것이 새롭고 흥분되는 일이었다. 우리가 잡은 다른 구렁이는 보름도 옆 섬에 무전기로 상호 연락해서 밀물 때에 포대에 넣어 둘이 헤엄쳐서 가지고 갔다. 그 섬의 민간인에게 구렁이를 주고 돼지 한 마리와 바꿔서 다

해병대 시절의 추억 앨범

시 헤엄쳐 돌아왔다. 그 돼지고기로 부대원들과 기분 좋은 회식을 했다.

1982년 9월 25일경, 나는 평생 잊지 못할 15일 휴가를 받았다. 그 휴가 기간에 추석이 끼어 있었다. 다른 휴가 때와 마찬가지로 새벽 5시에 휴가를 받고 날아갈 듯한 마음으로 부대를 나왔다. 나는 옛날 마장동 버스터미널에서 버스를 타고 고향인 시골로 향했다. 오랜만에 가는 휴가라서 고향이 가까울수록 그 설렘이 점점 커졌다. 해병대는 팔각모와 명찰이 자부심 아니겠는가. 고향 친구들과 만나 해병대원임을 과시하며 소주잔을 기울였다. 술이 거나하게 들어가면 자연스럽게 팔각모 사나이 노래가 터져 나왔다. 그때의 그 풍경을 떠올리니 지금 생각해도 가슴이 뭉클하다.

내가 휴가 나온 그 시기에 남양주 화도 가곡리라는 조그만 시골 마을의 큰 은행나무 밑에서 노래자랑 콩쿠르 대회가 열렸다. 나는 휴가 나온 흥을 주체하지 못해 해병대 얼룩 군복 위에 팔각모를 쓰고 해병대 곤조가를 불렀다. 술에 취해 오랜만에 행복을 느끼며 회포를 마음껏 풀었다. 내가 해병대 말년 휴가 나왔을 때는 큰아들이 건강하게 휴가 나와서 좋으신지 아버지께서 돼지 한 마리를 잡아 주셨다. 아버지는 나의 휴가 기간 내내 맛있고 좋은 부위를 잘라서 구워 주셨다. 구워 먹고 삶아 먹고 편육으로 아주 맛있게 잘 먹었다. 아버지는 내가 귀대 길에 오르자 1만 원짜리 10개 쌈짓돈을 꺼내 손에 쥐어 주셨다. 나는 그때의 애틋했던 아버지 마음을 잊을 수가 없다. 아버지는 내가 버스에 타고 가는 모습을 끝까지 지켜보셨다. 지금 생각하면 늘 엄격하기만 했던 아버지의 따뜻함을 난생처음 느끼는 순간이었다. 나는 그때 레바논 전쟁에 참여하는 공로로 말년 휴가를 받은 것인데 아버지에게 차마 그 이야기를 말씀드릴 수 없었다. 그 말씀도 못 드리고 헤어지며 버스 차창 너머로 아버지를 보던 그 장면은 마치 영화의 한 장면처럼 뚜렷하게 내 기억에 남아 있다.

제대 몇 개월을 앞두고 사회에 나가 뭘 해 먹고 살아야 할지 심각한 고민에 빠지기 시작했다. 제대하면 기분이 좋아야 하는데 불안한 마음만 커졌다. 뭔가 준비하고 있는 게 없으니 더 했다. 그런데 우연히 선임 해병의 관물대가 눈에 들어왔다. 거기에는 행정고시 시험 책이 세 권 있었다. 그 책이 나에게 뭔가 큰 신호를 주었다. 나는 그 책을 통해 내가 감히 넘볼 수 없고, 상상할 수 없는 꿈을 꾸게 된다. 그 당시 내 학력, 내 공부 수준으로는 그 책의 10개 중 1개 정도 겨우 이해할까 말까였다. 그만큼 오르지 못할 세계였지만 꿈을 포기하지 않았다. 나는 점점 그 책에 빠져들었다. 마치 그 책이 나를 강한 힘으로 끌어당기는 것 같았다. 나는 훈련이 끝나면 책과 씨름하며 새벽 1시까지 매일매일 기분 좋은 상상에 빠져들었다. 뭔가 꿈을 꾸고 그 꿈을 준비해 가는 과정은 사람에게 새로운 에너지를 주는 것 같았다.

대한민국 해병대 병장 김재문은 제대를 20여 일 남겨두었다. 우리는 팀스피리트를 준비하고 있었는데 당시 박명규 소대장께서 고참이 많아야 사고가 없다고 나에게 훈련에 참석해 달라고 요청하셨다. 제대를 앞두고는 떨어지는 낙엽에도 몸을 사려야 하는데 팀스피리트 훈련이라니. 제대를 코앞에 두고 생각이 많아졌지만 과감히 참여를 결정했다. 아마 해병대원으로서의 자격을 당당히 인정받고 싶었기 때문일 것이다. 훈련에 뛰어들어 정신없이 지내다 보니 어느덧 제대 3일 전이었다. 나는 문득 겁이 났다. 제대하면 밥 먹을 일이 너무나 크게 느껴졌다. 그래서 소대장을 찾아가 조심스럽게 면담했다.

"소대장님, 저 부대에 말뚝 박겠습니다~~!!"

참으로 침착하고 여유 있게 나의 진로를 선언했다. 그런데 소대장님은 나에게 의외의 조언을 해준다.

"김 병장, 자네가 사격도 잘하고 최고의 해병인 건 인정해. 그 실력과 자신감으로 세상에 나가면 아주 잘 살 거야. 우리 세상이 열심히 일하면 얼마나 좋은 세상인데 뭐 하려고 병으로 군대에서 썩으려 하나? 걱정하지 말고 제대해라." 그러면서 소대장님 스스로는 오히려 진급해서 본인이 더 오래 말뚝 박아야 한다는 말씀을 애처롭게 하셨다. 그때 소대 생활을 같이하며 전투애로 똘똘 뭉쳐 젊은 시절을 함께 보냈던 전형태, 전병두 해병은 지금까지도 연락하고 함께 지내고 있다. 나는 그런 인연도 참 고맙고 행복하다고 생각한다.

1984년 4월, 드디어 제대하고 가슴 뛰는 사회생활을 시작했다. 나는 제대 하면서 몸과 마음이 모두 성장했는데 제대 이후 몇 가지 원칙을 세웠다. 첫째는 1년에 옷은 두 벌만 사서 입자는 것이고 둘째는 아침 4시 50분에 일어나자는 것이고 셋째는 평범한 사람들처럼 집 하나에 텃밭을 준비하자는 것이고 넷째는 웃어른을 공경하며 정직하게 살자는 것이다. 나는 그렇게 기본 원칙과 계획을 세우고 매사에 반듯한 생활을 하려고 노력했다.

제대를 앞두고 찍은 대한민국 해병대 병장 김재문

저, 용달차를 하나 사서
소 장사를 하고 싶습니다

내가 제대하고 사회생활을 하던 그 당시에 마석 읍내에는 새마을 택시가 3대 정도 있었다. 나는 그 택시를 몰기 위해 운전면허증을 바로 땄고 지기 싫어서 총칼을 들고 생존의 전쟁터에 가는 마음으로 택시 스피아를 몰기 시작했다. 나는 이때부터 먹고 살려는 끝없는 생존의 전쟁을 시작했다. 택시를 몰면서 번 돈으로 가끔 볶음탕도 사서 먹었는데 내게는 참 과분한 복이었다. 한편으로는 돈 버는 것이 참 즐거웠고 나름대로 여유도 찾으면서 저녁에는 운동도 열심히 했다. 내가 가진 재산은 건강한 몸뚱아리 하나뿐이라 더 열심히 운동했다. 일을 마치고 저녁에 집에 들어와서 콘크리트 역기를 나무 봉에 꽂아 운동했다. 나는 그렇게 멈출 수 없는 꿈과 희망을 키워가기 시작했다. 그렇게 1년이라는 세월이 훌쩍 지나갔다.

나는 당시 공화당 당협위원장 이경우씨가 있던 낙우회 사무소를 찾아가 내 형편을 모두 털어놓고 도움을 청했다.

"아저씨, 저 용달차를 하나 사서 소 장사나 운반일을 좀 하고 싶습니다."

그런 자신감은 어디서 나온 걸까. 그러면서 280만 원을 빌려 달라고 했다. 이경우 씨는 당시 화도에서 내로라하시는 분으로 낙농사무소에서 마작도 두시면서 내게는 너무 멋지고 부러운 나날을 보내는 분이었다. 아저씨는 그날따라 바쁜지 물러 가 있으라고 하셨다. 나는 불편하고 무거운 마음으로 낙우회 사무소를 나왔다.

그러던 며칠 후, 아저씨께서 나에게 사무실로 올라오라는 호출을 했다. 아저씨는 나에게 돈을 빌려 가되 나중에 이자 쳐서 갚으라고 했다. 내게는 정말 꿈 같은 일이 벌어진 것이다. 그렇게 해서 내 인생 첫 사업이 시작되었다. 나는 용달차 1톤을 구입해서 대한민국의 장터라는 장터는 다 돌아다녔다. 그 사업을 하면서 세상에서 얻을 지혜와 경험을 축적해 갔다. 나는 내 차가 생겼다는 기쁨에 너무나 행복했다. 그 차를 가지고 김천, 군산, 횡성, 춘천, 의정부, 홍성 우시장 등을 돌아다녔다. 당연히 내 고향인 남양주 우시장도 뻔질나게 누비고 다녔다. 우시장에는 대부분 연세가 많은 분을 상대해야 했다. 거의 환갑이 넘은 분들이었다. 나는 너무 어려 보일까 봐 모자를 눌러 쓰고 수염을 길러 나이 많은 행세를 했다. 그렇게 어르신들과 소 장사를 하면서 성장해 갔다.

소 장사 사업은 돈벌이가 아주 괜찮았다. 1년 정도 장사를 하고 나니 어느 정도 돈이 벌려 이경우 아저씨께 빌린 돈의 원금과 이자를 갚으려고 당당히 사무실을 찾았다. 나는 정말 고맙고 힘이 되었다고 감사 인사드리며 가지고 간 돈을 드리려 했다. 그런데 아저씨께서는 이자는 도로 가지고 가라고 하신다. 그때 사무실을 나오던 나의 발걸음은 하늘을 날 것 같았다. 세상을 살아갈 자신감이 하늘을 찔러 노랫소리가 저절로 나왔다. 그길로 나는 고기 몇 근을 사서 어머니와 저녁 식사를 같이했다. 그런데 그 식사 자리에서 한이 되고 죽기보다 싫은 대화가 시작된다.

상다리 세 개짜리 볼품없는 상에 돼지고기를 올려놓고 어머니와 식사하면서 나는 이런 말을 했다.

"엄니, 이제 식모일 그만두세요. 제가 돈 벌어 드릴게요."

어머니는 내 말을 한참 동안 조용히 듣고 계시다가 낮은 목소리로 깊은 한숨을 쉬시면 이렇게 말한다.

"그래, 알았다."

어머니에게는 그 무엇과도 바꿀 수 없는 고민이 느껴졌다.

"나도 몸도 많이 늙어서 일 그만해야지. 우리 아들이 많이 컸구나."

그러면서 어머니는 밥상머리에 비닐봉지를 꺼내 놓으셨다. 나는 쌈을 싸 먹으면서 무언가 심상치 않음을 느꼈다.

어머니께서는 착 가라앉은 목소리로 이렇게 말씀하신다.

"26년 동안 한 푼도 쓰지 않고 모은 돈이야."

하시면서 당시 620만 원을 나에게 주시는 것이다. 참으로 암담하고 만감이 교차하는 순간이었다. 나는 며칠 동안 식구들과 대화한 끝에 어머니께서 주신 돈과 소 장사를 해서 번 돈을 합쳐 시골에 작은 집을 샀다. 텃밭과 마당이 있는 집이었다. 나는 이때 세상을 다 가졌다는 기분이 들었다. 우리 가족은 이사한 집을 닦고, 쓸고 나무도 열심히 심었다. 나는 그때 열심히 우리 집에 애정을 쏟던 가족들의 모습이 너무 좋았다. 텃밭 저 뒤쪽에는 나무로 외양간도 작게 지어서 송아지 두 마리도 키웠다. 정말 행복한 나날들이었다. 나는 송아지 두 마리를 데리고 나가 풀도 먹이고 무럭무럭 잘 자라도록 꿈과 희망을 키워갔다. 제대할 때 입던 얼룩무늬 옷을 입고 젊어 고생은 사서 한다는 마음으로 매사에 긍정적으로 살았다. 그때는 정말 세상에 부러울 게 없었다.

이 책을 쓰면서 고백할 것이 있다. 사실 소 장사를 하면서 소에게 물을 먹여 (일명 꼬라) 소고기 근수를 늘리는 일을 했다. 돈을 빨리 벌기 위해 하지 말아야 할 그 일에 나도 동참을 했다. 지금 생각해도 조금 과한 욕심이었다. 이 자리를 빌려 용서를 빈다.

수돗가에서 돼지 열병에 든 고기를
잘라내던 무서운 기억

나는 지금의 아내를 만난 것을 내 인생 최고의 선물이라 생각한다. 열심히 내 일에 집중하다 보니 생긴 선물이라 생각하고 있다. 나는 용달차를 끌고 소 장사는 물론이고 운반 일까지 하면서 참 열심히 살았다. 그러다 보니 주변에서 여자를 소개해 주려 했다. 마침 화도읍 묵현리에서 5톤 트럭 운전하시는 분이 있었는데 우연히 충청북도 진천의 모 돼지 종돈을 실으러 갈 때 그곳 대기실에서 만났다. 나는 웃어른을 공경하

는 마음으로 동네 형님인 그분께 정중하게 인사했다. 그분 성
함은 박근화인데 지금의 동서 형님이시고 6년 전쯤 환갑 때
일찍 돌아가셨다. 나는 내 인생 가장 귀한 아내를 소개해준
고마움을 표하기 위해 추석과 같은 명절 때 단 한번도 빠진
적 없이 가평 두밀리에 있는 그분의 산소를 찾았다.

"재문이, 내 동생 처제가 있는데 한번 만나보게. 자네처럼
열심히 사는 사람이면 되지. 집안 형편이나 돈이 뭐 필요하
겠는가. 돈은 벌면 되지." 하시면서 지금의 아이들 엄마인 '어
묘숙'을 소개해 주었다. 나는 그렇게 선물 같은 그녀와 결혼
해서 지금까지 함께 잘 살며 사랑하고 있다. 앞만 보고 열심
히 살면 하늘은 분명 선물을 준다. 밑바닥 같은 내가, 정말 매
일 굶으며 물로 배를 채운 내가 남양주 최고의 재산가가 되기
까지는 저 위에 계신 분의 힘이 없었다면 불가능했을 것이다.
나는 별로 한 것이 없다. 하루하루 새벽 4시 50분에 일어나
이곳저곳을 다니며 열심히 일한 것밖에 없다.

그렇게 지금의 아내를 만난 지 6개월 만에 결혼했고 나름
안정적인 생활을 꾸려갔다. 모든 일이 순조롭게 잘 풀렸고 한
가족의 가장으로서 최선을 다하며 살았다. 시간이 지나 우리

집 돼지들도 잘 커갔다. 어느 날이었다. 밖에서 일하고 있는데 아내에게서 돼지가 이상하다는 급한 연락을 받았다. 나는 서둘러 돼지우리로 달려갔다. 12마리 중 3~4마리는 경기를 하며 뒤집혀 발버둥을 치고 있었다. 나는 덜컥 겁이 났다. 어머니가 평생 모은 돈을 쏟아부어 돼지를 키우고 있었는데 본능적으로 원금이라도 챙겨야겠다고 생각했다.

앞뒤 가릴 것 없이 읍내 마석 정육점으로 가서 돼지 잡는 칼을 빌렸다. 나는 평생 내 손으로 돼지에 칼을 대 본 적이 없다. 그러나 그때는 내 손으로 해야 했다. 난생처음 수돗가에서 병(돼지 열병)든 돼지를 밤낮 가리지 않고 칼질을 했다. 한 번도 해보지 않은 일이 너무 무섭고 겁이 났다. 지금도 그때 일을 생각하며 몸서리가 쳐지고 눈물이 차오른다. 나는 작업하는 동안 계속 울면서 칼질을 했다. 글로 표현하기 힘들 정도로 너무 무서웠다. 그렇게 3일에 걸쳐 돼지를 모두 잡아 정육점에 갔는데 그 고기는 상품 가치가 없어서 동물 사료용으로만 팔아야 한다고 한다. 그렇게 해서 내가 투자한 원금의 100분의 1인 3만 원을 겨우 받았다. 세상 사는 게 쉽지 않다는 걸 뼈저리게 느낀 순간이었다.

술 취한 분을 사망하게 한
대형 사고를 내다

내 인생은 왜 이렇게 사고가 끝이 없는가. 그 사고를 경험하면서 온전하게 버티고 있는 것도 참 신기한 것 같다. 결혼 이듬해 아내가 임신해서 입덧을 심하게 했다. 나는 아직 아빠가 될 정도의 나이가 아니었지만 아이 아빠가 된다는 그 설렘과 현실을 침착하게 받아들이기로 했다. 그래서 더 아내에게 잘하려고 했다. 아내는 어느 날 저녁 짬뽕이 너무 먹고 싶다고 했다. 나는 저녁 6시쯤 일찍 일을 마치고 아내에게 줄 짬뽕을 포장해서 심석중고등학교 앞 도로를 가고 있었다.

　길바닥에 술 취한 분이 누워 있는 걸 전혀 발견하지 못했다. 나는 그 사람을 치는 대형 사고를 냈다. 급하게 그분을 어깨에 메고 차에 올라 비상 깜박이를 켜고 읍내 병원으로 향했다. 결과는 참담했다. 사망이었다. 나는 피 묻은 옷을 갈아입고 경찰서 조사실로 향했다. 모든 것을 진실하게 털어놓고 사실대로 말씀을 드렸다. 상황이 막막했는데 동네 아는 형님이 탄원서를 내 주어 다행히 합의했다. 구속 기로에 서 있던 상황이었는데 구제받을 수 있었다. 정말 극적으로 꿈 같은 일이 벌어진 것이다. 홀어머니를 모시고 착실하게 사는 내 모습을 보고 판사님이 불구속 판결을 해 주셨다. 내가 할 수 있는 건 감사의 기도를 드리는 것밖에 없었다.

　용달차 소 장사를 한 지도 어느덧 세월이 흘러 나에게 첫째 아들 김민수, 둘째 딸 김민지가 태어났다. 나는 가장이라는 묵직함을 느끼며 내가 맡은 일을 더 열심히 했다. 잠시 쉴 때는 천마산에 오르곤 한다. 그곳의 바람을 맞으며 옛날에 뱃지를 팔고 아이스께끼를 팔던 시절을 떠올린다. 정말 열심히 살았던 그 시절이 나를 초심으로 돌아가게 했다. 천마산은 나에게 삶의 에너지를 주는 산이다. 내게는 어머니 품속처럼 포근한 곳이고 추억의 장소다.

천마산 정상에 서서 바라보면 날씨가 아주 화창하고 맑을 때 서울 남산도 한눈에 보이고 저 멀리 인천 앞바다의 유람선도 희미하게 떠 있는 모습이 보일 때도 있다. 동쪽에 앉아 마석 시내를 내려 보니 2층집이 하나도 없는 초라한 마석 시가지가 눈에 들어왔다. 바로 그 순간 내 머릿속에는 또 다른 인생 대 반전 드라마가 작동되기 시작했다. 마석에 집을 지어주고 싶었다. 비록 배운 것은 없지만 건설업을 해봐야겠다는 마음이 생겼다. 그래서 그 길로 서울 교보문고로 달려갔다. 건축학개론, 토목 공사, 도시개발법 등 관련 책자들을 잔뜩 사서 집으로 향했다. 집에 와 책을 보니 도통 눈에 들어오지 않았다. 그냥 하얀색은 종이요, 검은 것은 글씨라는 정도였다. '아, 내게는 역부족인 분야인가.' 그러나 김재문이 어떤 사람인가. 한번 마음먹으면 끝까지 해내고 마는 우수 해병대원 아닌가.

나는 다시 마음을 단단히 먹고 청량리에 있는 학원으로 발걸음을 옮겼다. 건설업을 향한 내 꿈을 포기할 수는 없었다. 일하면서 틈틈이 꾸준히 집 짓는 일도 연구도 하고, 창의성을 기본으로 작은 건설업 허가도 받았다. 그렇게 내 꿈을 넓혀 세상을 위한 큰일을 시작하려 했다. 그 작은 시작이 지금의 남양주 거부를 만든 것이다. 누구나 그렇다. 시작은 작고 미미하다. 나의 시작은 말도 못 할 정도로 미미했다. 그러나 지금의 모습은 어떤가. 나는 이 모습을 우리 MZ들에게 희망의 에너지가 되게 하고 싶다. 우리나라 MZ 뿐만 아니라 세계 곳곳의 MZ들에게 '이런 사람도 이렇게 성공할 수 있는데 나도 할 수 있지'라는 자부심을 주고 싶었다.

천마산 정상(출처:경기관광누리집)

Ch.2

사고와 실패의 연속 그리고
죽음의 체험 후
쓰나미 같이 다가온 행운

나는 어린 나이에

사업의 큰 성공을 맛보았지만

큰 추락, 큰 실패도 많았다.

사건 사고가 끊이지 않았다.

사기도 많이 당했다.

뱀에 물려서, 급발진 사고로

몇 번의 죽을 고비도 넘겼다.

그러나 나는 주저앉지 않고 정면 돌파했다.

그랬더니 하늘이 나에게

인생 대반전의 기회를 주었다.

| 본격적으로 건설업에 뛰어들다

| 내 욕심이 부른 무도매 장사로부터의 사기

| 난생처음 나를 펑펑 울게 한 아버지의 지갑

| 독사에 물려 죽기 전에 오토바이에서 떨어져서 죽겠다

| 자동차 급발진 사고로 머리를 크게 다친 2002년 어느 날

| 나는 저승사자와 싸우고 살아 돌아온 사람이다

| 생선 탑차에 사기도 당하고

| 나의 부도 이야기, 그리고 쓰나미 같은 인생 대반전

본격적으로
건설업에 뛰어들다

　나는 학원에 다니면서 마치 대학교 건축공학과, 토목공학
과에서 공부하는 것처럼 공부했다. 기초부터 전문 영역까지
필사적으로 파고들었다. 바로 이 길에 내가 먹고사는 모든 운
명이 있다는 마음으로 공부했다. 그래서 청량리를 오고 가는
그 길이 멀지만 가까웠고 내 발이 피곤하다고 아우성치지만
마음의 발걸음은 더 가벼웠다. 무언가 해야 할 마음의 목표가
있다면 마음은 육체적인 고통을 넘어서는 것 같다. 물론 그

마음의 목표에 간절함에 더해져야 할 것이다. 무엇이든 우리가 사는 이 세상은 간절하지 않으면 손에 쥘 수 없는 것들이 많다. 그 당시 내게 건축은 간절함. 그 이상이었다. 절벽 밑으로 떨어지기 전에 잡은 나뭇가지였고 구원의 동아줄이었다.

돈을 좀 번 지금도 그렇지만 나는 천마산을 자주 다녀오곤 한다. 그곳에는 나의 어린 시절 아픔이 고스란히 배어 있어서 더 애틋한 마음에 자주 간다. 천마산이 어떤 곳인가. 내 어린 시절의 아픔이 있는 곳이다. 내 눈물이 있고 내 아픔이 있는 곳이다. 아이스께끼와 뱃지를 팔던 그 아이의 발자국이 아직도 선명하다. 시간이 흘렀지만 그 아픔의 발자국은 내 눈에 선명하게 보인다. 돌아보면 믿기지 않은 시간들이다. 내가 그 시간을 어떻게 버티었을까. 어린 시절 내가 밟았던 돌 위에 올라 옛 생각에 잠긴다. 운동 삼아 올라간 아름다운 풍경의 천마산에서 45년 전의 아픔과 눈물을 본다, 고려가 망하자 정몽주와 뜻을 같이했던 야은 길재가 이런 시를 썼다. "산천은 의구한데 인걸은 간데없다." 천마산의 그 돌 바위 위에서 왜 갑자기 이 시가 생각난 걸까.

나는 참 저돌적으로 열심히 살았다. 그렇게 해야만 하는 상황이었다. 고마운 분의 도움으로 어렵게 장만한 용달차를 끌고 정말 여기저기 안 다닌 곳이 없었다. 어느 날은 송아지 두 마리를 차에 싣고 난생처음 안동까지 갔다. 운반비 3만 원을 벌기 위해 안동까지 내달렸다. 그때 안 가본 도시들을 많이 돌아다녔던 것 같다. 시골 구석구석 참 다양한 삶을 만났다. 그곳에서 만난 사람들의 정은 또 얼마나 따뜻했는지. 일만 열심히 하고 돈만 열심히 벌려고 했던 청년 김재문은 그렇게 시골 곳곳에 숨어 있던 따뜻한 사람의 정에 감동하게 된다. 젊은이가 고생 많다고 등을 두드려 주는 할머니들, 땀도 닦아주고 갈증날 것 같다고 물 한잔 건네주는 그 고마움을 느꼈던 시절이었다. 비록 넉넉한 형편들을 아니었지만 그분들은 나눔에 인색하지 않았다. 그런 고마움이 내 인생의 주름 사이사이에 하나씩 쌓였다.

안동까지 갔던 그 날은 마침 저녁에 할머니 제사가 있었다. 그래서 또 쉴 틈 없이 달려야 했다. 내가 평생 운전을 가장 많이 했던 시기가 그 시기가 아닌가 싶다. 어디서 그런 에너지가 나왔는지 나도 신기할 정도다. 그렇게 해서 나의 땀은 하나씩 돈이 되었다. 그 돈을 다시 나의 공부에 투자했다. 언제까지 소만 싣고 운전만 할 수는 없는 노릇이었다. 나는 늘 더 큰 세계를 바라보며 살았다. 지금은 과정이고 나의 끝은 더 창대하리라 생각하며 살았다. 그렇게 해서 인생 처음으로 건설회사를 설립하게 된다. 그리고 월산리, 수동, 송천리 등에 당시 유행하던 60평짜리 블록 건물 창고를 지었다. 나의 본격적인 건설업이 바로 그때 시작이 된 것이다. 내가 건설로 돈을 벌기 시작한 것이 내 인생에서는 또 다른 터닝포인트가 된다. 우리 사는 세상은 어차피 건축과 부동산에 돈이 많이 모여 있다는 것을 그때 어렴풋이 알게 되었다.

내 욕심이 부른
무 도매 장사로부터의 사기

나는 겉보기와 다르게 참 순진했던 것 같다. 남의 말에 잘 속았다. 특히 어려운 처지에 있는 사람의 말에는 마음이 약했다. 천성이 그랬던 것 같다. 그래서 지금도 딱한 처지의 사람들을 보면 마음이 먼저 간다. 특히 열심히 살려고 하는데 여전히 넉넉하지 않은 사람들을 보면 더 마음이 간다. 나는 그런 사람들에게 나도 그 길을 걸어왔으니 조금만 더 힘을 내라고 마음의 응원을 보낸다. 나는 이런 마음 때문에 내가 어렵게 번 돈을 세상에 기부하려고 하는 것이다. 내가 어려운 시절을 걸어왔기에, 그리고 그 어려운 시절 알게 모르게 나에게 도움을 준 사람들이 있었기에 그 보답을 하고 싶은 것이다.

내 기억에서 지울 수 없는 가을 무 사건이 있다. 용달차를 몰고 다니던 그 시절 이야기다. 어떤 아저씨가 가을 무를 5톤 차로 100만 원에 팔고 있었다. '아니, 그 많은 무를 왜 그렇게 싸게 팔지?' '저걸 사서 내가 다시 팔면 10배는 벌 수 있는 거 아냐?' 참을 수 없는 호기심과 그걸 팔았을 때의 수익에 대한 욕심이 더해져 내 발걸음은 자연스럽게 그 아저씨에게로 이어졌다. 결국 나는 그 아저씨의 딱한 사정까지 듣게 된다. 호기심에 욕심에 동정심까지 더해졌으니 그 무를 안 살 수 있었겠는가. 나는 동정심에 가격 20만 원을 더 주고 그 무를 덥석 사고 말았다. 당시 나에게 120만 원은 어마어마한 돈이다. 그 돈을 더 큰 욕심을 바라보며 투자를 한 것이다.

나는 당시 화물 주차장에 주차되어 있던 차에 가을 무를 가득 실었다. 아는 친구들 네다섯 명이 힘을 보태 구루마에 그 무를 싣고 동네 공터에 내려놓았다. 무 5톤이면 정말 엄청난 분량이다. 그걸 옮겨 내려놓는 일만 해도 땀을 한 양동이 뺄 일이었다. 순수한 나의 부탁에 주저하지 않고 도와준 그때 그 친구들은 또 얼마나 고마운 친구들인가. 그렇게 도움을 받고 그렇게 땀을 흘려 동네 어귀에 무를 내려놓고 팔았다. 이것만 다 팔고 나면 친구들에게도 보상해주고 나도 나름 큰 수익을 손에 쥘 수 있을 것 같았다. 그런데 나는 정말로 순진한 것 이상으로 바보였다. 무를 살 때 무의 상태를 보지도 않고 샀다. 그냥 그 엄청난 물량이 그렇게 싼 가격에 나왔다는 그 사실만 눈에 보였다. 무의 품질은 전혀 눈에 들어오지 않았다. 그 작은 실수, 아니 그 엄청난 실수가 참혹한 결과를 만들어낼 줄은 전혀 상상하지 못했다.

무는 거의 곪아 있었다. 멀쩡한 게 거의 없었다. 그 많은 무가 다 이런 상태였다. 도저히 팔 수 있는 무가 아니었다. 아, 어떻게 내가 하는 일은 다 이 모양일까. 그 아저씨는 정말 이런 무를 나에게 팔 정도로 양심이 없는 사람이었을까. 나에게 눈물 흘리며 쏟아낸 그 사정 이야기들은 연기였던 걸까. 세상이 무서웠고 사람이 다시 보였다. 그리고 순진하게 당한 이 상황이 너무 화가 나고 억울했다. 그 돈 120만 원이면 고기 한번 제대로 못 사드린 우리 어머니에게 맛있는 고기 원 없이 사 드리고 허름한 옷도 예쁜 옷으로 바꿔드릴 수 있는 돈이다. 나를 위해 땀을 흘려준 친구들은 무슨 낯으로 보는가. 억울함과 창피함으로 하루가 너무 참담했다. 내 눈에 뭐라도 보이면 다 박살 내고 싶은 정도의 분노가 치솟았다. 그러나 결국 이 모든 결과는 내 탓이라는 걸 순수하게 인정할 수밖에 없었다. 그 아저씨를 탓할 필요도 없다. 그냥 세상이 이렇다는 걸 120만 원 주고 배웠다고 생각했다. 나에게는 순진하고 남에게 마음 약한 면도 있지만 쿨 하게 자신을 인정하는 면도 있다. 그런 두 날개로 지금까지 살아오고 있다.

난생처음 나를 펑펑 울게 한
아버지의 지갑

 아버지 이야기를 꺼내려고 한다. 참 쉽지 않은 이야기다. 아버지를 생각하면 눈물부터 차올라 이야기를 편하게 할 수가 없다. 아버지는 1993년 11월 힘들게 암 투병을 하시다가 돌아가셨다. 병원에 당장 모시고 가야 하는데 병원비가 없으니 가지 말자고 하신 그 말씀이 아직도 내 가슴을 메이게 한다. 자신의 암을 고치기 위해 병원비를 쓰면 가족들이 굶는다고 하셨다. 병원에서 위암 판정을 받을 때 의사 선생님은 6개월이 시한부라고 했다. 그런데 정말 단 하루도 안 틀리고 딱 6개월째에 아버지가 돌아가셨다. 평소 술도 많이 드시던 분이 아닌데 위암 판정을 받은 것은 아마 스트레스 때문이라 생각한다.

아버지는 병원에 고작 3일을 입원했다. 그 3일도 돈이 나간다고 3일째인 토요일에 바로 나왔다. 토요일에는 당직 근무만 있을 때라 우리는 그냥 3일 치 돈을 당직에게 내고 나왔다. 원래는 당직이 퇴원비 수속을 안 한다. 그런데 아버지가 굳이 걸어 나가시겠다고 해서 당직 근무자도 할 수 없이 계산을 해줬다. 그러다 보니 돈은 얼마 안 나왔다. 아버지는 그렇게 자신의 병을 치료하기 위해 들어간 병원 입원비조차 한 푼이라도 더 아끼려는 분이셨다. 그 정도로 악착같은 분이셨다. 자신의 삶을 버려야 하는 그런 상황에서도 돈을 안 쓰려고 하셨다.

우리 가족은 아버지가 암 판정받은 이후 나름 몸보신을 시켜 드리려고 이것저것 좋은 음식들을 해 드리려 했다. 약초, 고기 등등 아버지를 살리려고 어떻게든 구해서 대접해 드렸다. 그런데 우리가 준비한 음식들을 아버지는 거의 못 드셨다. 그 귀한 음식들을 버릴 수 없어 결국 내 입으로 들어갔고 그게 나를 더 튼튼하게 만들었던 것 같다. 우리는 아버지의 시한부 판정을 어떻게든 바꿔보려고 노력했다. 닭도 잡아서 드려보고 계란찜도 해서 드시게 했는데 그 역시 전혀 못 드셨다.

아버지는 6개월도 거의 못 드셨다. 그게 아들로서 너무 가슴이 아팠다. 아버지가 6개월 동안 드신 양이 우리가 일주일 동안 먹은 양과 비슷했다. 거의 물로 배를 채우신 거다. 내가 초등학교 시절 먹을 게 없어서 점심에는 물로 배를 채웠던 그것과는 전혀 다른 상황이다. 어쨌든 아들도 아버지도 물로 배를 채운 비슷한 경험을 하고 있었다. 그래도 뭐라도 드셔야 하기에 죽을 드렸는데 아버지는 그조차도 다섯 숟가락 이상 못 드셨다. 돈이 없어서 링거도 못 했다. 그때 우리 집은 형편은 말도 못 하게 안 좋았다. 돈이 있어도 아버지는 하지 말라고 하셨을 것이다. 아버지는 살아 계실 때도 그랬지만 돌아가실 때도 돈을 거의 안 쓰셨다. 풍요와 거리가 먼 삶을 마감하셨다. 그게 자식으로서 늘 마음이 아팠다.

아버지는 돌아가시기 일주일 전부터 굉장히 위독한 상태로 접어드셨는데 그래도 말씀은 조금씩 하셨다. 아버지가 위독하다고 해서 큰 집에서도 오고, 조카들도 와서 밤을 새우려는데 아버지는 "다들 내일 일하려면 피곤하고 힘들 테니 들어들 가."라고 하셨다. 그리고 조용히 손짓으로 나를 부르신다.

"재문아, 돼지나 닭이라도 좀 잡아서 큰아버지나 큰어머니, 조카들 음식 대접 좀 해라."

자신의 병원비도 걱정된다고 입원 안 하시려는 분이 집안 식구들 챙기려 하신 것이다. 자신은 못 먹어도 자신을 보러 온 사람들은 챙기고 싶은 그 마음이 참 짠했다.

아버지는 4남 2녀 중에 둘째였다. 옛날에는 그렇게 자식들이 많아 대가족은 흔한 일이었다. 위로 큰형이 있고 동생만 셋이 있었다. 아버지는 평생 남의 일만 해주며 사셨다. 남의 집 농사지어주시고, 남의 집 노동을 해주시며 근근이 돈을 버셨다. 지금으로 말하면 일용직의 삶을 사셨다. 어디 필요하다 싶으면 불려 다니기 일쑤였다. 정식 직업을 가지고 계신 게 아니라 여기저기 불려 다니며 돈벌이 밥벌이하고 그렇게 번 일당으로 가끔 술을 드시곤 하셨다. 그 일들이 아마 스트레스였던 것 같다. 불려 다니는 노동은 늘 마음을 놓고 편안할 수

가 없다. 허리띠를 풀고 편하게 쉴 수가 없는 인생이었다. 그
래서 술을 많이 드시지 않아도 위에 병이 날 수밖에 없다. 그
병이 암으로 번진 것이다.

아버지는 사실 술 담배도 잘 안 하시는 분이다. 가끔 막걸
리 한잔 정도 하시는 걸 내가 어른이 되어서 본 적이 있다. 참
검소하게 살다 가신 분이다. 아버지는 변변한 양복조차 한 벌
없었다. 그래서 옛날 사진관에 가면 양복이 있는 실루엣에 얼
굴만 넣고 사진을 찍었다. 마치 요즘의 포토샵, CG를 흉내 낸
사진관의 묘수였지만 우리 가족 입장에서 보면 참 가슴 아프
고 씁쓸한 이야기다.

나는 아버지가 돌아가셨다는 그 사실이 믿기지 않았지만
장례는 치러야 했다. 정말 최선을 다해 아버지 장례를 치르
는 일에 충실했다. 동네 어른들 챙기는 것부터 장례의 대소
사에 나는 정말 온 마음을 쏟아서 일 처리를 했다. 뭔가 누
르기 힘든 두려움과 슬픔을 장례 일을 치르는 잡일에 묵묵
히 집중했다. 아버지에 대한 애틋한 기억이 많은 동네 어르
신들도 장례에 많은 도움을 주셨다. 그렇게 아버지를 모두

가 한마음으로 정성껏 모셨다. 나는 장례 내내 눈물을 흘리지 않았다. 더 이상 아버지를 볼 수 없는데 이상하게 눈물이 나지 않았다. 사망 신고를 준비하면서 아버지 지갑을 꺼내 열었는데 바로 그때 참았던 눈물이 왈칵 쏟아졌다.

나는 아버지가 돌아가시기 전에 아버지에게 내가 번 돈 중에서 농협에서 발행한 자기앞수표 30만 원을 드린 적이 있다. 아버지는 그 돈을 자신의 지갑에 네 번 고이 접어 넣고 한 푼도 안 쓰셨다. 아버지는 아들이 준 그 돈이 너무 귀해서 맛있는 거 사드시지도 않고, 멋진 옷도 사 입지 않으셨다. 나는 그게 너무 슬퍼서 펑펑 울었다. 어릴 적 가난하고 힘들 때도 울지 않은 나였다. 난 삶이 아무리 힘들어도 단 한 번도 운 적이 없다. 사업이 망했을 때도 울지 않았다. 그런데 아버지의 지갑을 열어본 그 날 평생 처음으로 목 놓아 울었다. 아버지의 그 마음, 그 가련한 인생이 안타까워서 눈물을 참을 수가 없었다. 예전에 휴가 나왔다가 부대 복귀할 때 버스 차창으로 봤던 아버지의 손 흔드는 모습에 잠깐 눈물이 차올랐지만, 이번처럼 펑펑 운 것은 정말 태어나서 처음이었다.

지금 이 책을 쓰면서도 아버지 생각에 눈물이 차오른다. 아
버지의 남을 생각하고 배려하는 마음, 자식을 생각하는 그 애
틋함이 나에게도 그대로 스며들어 있다. 그래서 나도 남은 인
생을 그런 아버지를 생각하며 베풀려고 하는 것이다. 아버지
가 나에게 쏟은 그 마음대로 나도 자식들을 더 사랑하는 아비
로 남은 인생을 살고 싶은 것이다.

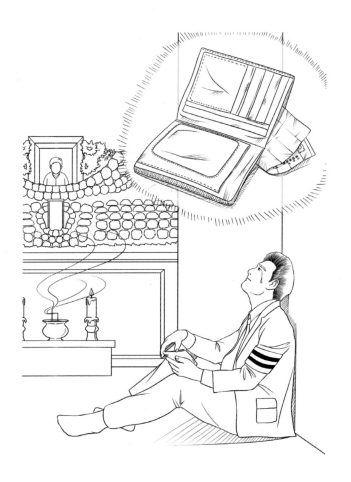

독사에 물려 죽기 전에
오토바이에서 떨어져서 죽겠다

나는 살면서 죽을 고비를 참 많이 넘긴 것 같다. 보통 세 번 이상 죽을 고비를 경험한 사람은 100세 장수를 누린다는 얘기가 있는데 그런 면에서 나는 아무래도 오래 살 것 같기는 하다. 정말 죽을 고비를 여러 번 넘기며 이 자리에 섰기 때문이다.

잠시 일을 쉬기로 한 어느 날 나는 친구들과 수동면으로 놀러 갔다. 우리는 늘 고기 잡는 곳이 있다. 거기서 가재와 민물 고기 등을 잡으며 즐거운 한때를 보내곤 하였다. 녹음은 우거지고 계곡물은 시원하고 하늘은 선명하게 파란 참 행복한 순간이었다. 친구들과도 오랜만에 만나서 더 재밌었던 것 같다. 그런데 인생은 정말 호사다마였다. 너무 좋다고 하면 그걸 발목 잡는 안 좋은 일이 스멀스멀 다가온다.

계곡이나 강에서 고기를 잡으려면 돌 밑을 들어봐야 한다. 고기가 있을 법한 돌이 하나 있었는데 그 돌 끝에 뱀 꼬리가 보였다. 나는 겁이 나서 친구들에게 저 꼬리를 잡아서 길에 버리라고 했다. 친구는 용기를 내서 뱀 꼬리를 잡았는데 하필 내가 그 친구 옆에 있어서 뱀은 필사적으로 살려고 그만 나를 물고 말았다. 팔뚝을 물었는데 털어도 안 떨어졌다. 이 녀석은 아주 위험한 독사였다. 내 팔뚝에는 그 녀석의 이빨 두 개가 선명하게 찍혔다. 아주 긴급한 상황이었다. 나는 어디서 들은 얘기가 생각나서 콜라병을 깨서 물린 부위 위를 찢었다.

친구들이 놀라서 내 곁으로 다가왔다. 입고 있던 러닝셔츠를 찢어서 팔뚝을 동여맸다. 그때 남양주에는 만수의원이라는 조그만 병원이 있었다. 그런데 우리가 놀던 수동면에서 만수의원까지는 30리 길이었다. 그 길을 오토바이 뒤에 타고 먼지 날리면서 갔다. 근데 병원에 도착하기 전에 오토바이에서 떨어져 먼저 죽을 것 같았다. 그래서 오토바이 아저씨한테 신음을 토해내며 간곡하게 부탁했다.

"아저씨, 저 내려주세요~~"

"왜? 너 빨리 병원 가야 해."

"아뇨. 저 병원 가기 전에 아저씨 오토바이에서 떨어져 죽을 거 같아요."

오토바이가 비포장 길을 달리니 당연히 울퉁불퉁 뒷자리에서 튕기면서 밖으로 떨어져 나갈 것 같았다. 팔은 독사에 물려 힘이 없으니 더 이상 오토바이 운전하는 아저씨를 잡을 힘도 없었다. 그렇게 힘들게 힘들게 만수의원에 도착했다.

나는 응급실에 바로 갔고 의사가 뛰어나와 치료했다. 팔은 점점 부어 올라오고 나는 독사에 물렸다는 사실 때문에 곧 죽는 것 아닌가 하는 두려움에 휩싸였다. 그러나 무언가 나를 보호해줄 것이라는 믿음은 강했다. 나는 이렇게 죽을 놈이 아니라는 확신도 들었다. 그래서 내 마음은 불안함 vs 자신감이

5:5로 팽팽했다. 자신감이 불안을 이기려고 애쓰고 있었다. 당시 내 친구들은 내가 곧 죽는 것 아닌가 하며 호들갑을 떨었다. 여기저기 전화하고 난리도 아니었다. 그런데 다행히 골든타임을 넘기지는 않았다. 의사는 차분하게 칼을 들고 독이 더 이상 퍼져가지 않도록 조치를 취했다. 그렇게 나는 또 한 번의 목숨을 잃을 위기를 무사히 넘겼다.

자동차 급발진 사고로
머리를 크게 다친 2002년 어느 날

또 한 번의 죽음이 나를 덮치려 한 순간이 있었다. 때는 우리나라에서 개최되는 월드컵 축제를 즐기느라 온 나라가 온통 빨갛게 물들던 2002년 초 어느 날이었다. 나는 당시 사업을 하던 시기여서 나름 고급 차를 타고 다녔다. 그 차가 중형 세단인 다이너스티다. 요즘으로 치면 벤츠나 제네시스 정도 되는 고급차라고 할 수 있다.

그날은 구정 전날이라 직원들에게 보너스를 주고 위로차 현장을 둘러본 후 퇴근하는 길이었다. 그런데 믿고 안심하던 그 다이너스티가 사고를 쳤다. 급발진 대형 사고가 난 것이다. 급발진은 누구도 예상할 수 없는 사고다. 예상할 수 없으므로 더 큰 사고가 난다. 이 사고는 누가 나를 들이받은 것도 아니고 내가 누구를 친 것도 아니다. 오로지 나만의 사고였다. 그러다 보니 그 누구도 다치지 않고 손해 본 것은 없지만 오로지 나 자신만 크게 다치고 손해를 본 순간이었다. 아니 손해를 얘기해서는 안 된다. 손해를 넘어 바로 그 사고로 인해 나는 임사체험까지 할 정도로 죽음의 요단강을 거의 건너 갔다 왔다.

유리가 박히고 엄청난 상처를 입은 상태였지만 뇌가 심한 손상을 입지 않아서 천만다행이었다. 아마 내 몸에 가해진 가장 큰 고통의 순간이 아닌가 생각한다. 어렴풋한 기억으로는 좁은 길이었던 것 같다. 어딘 가에 심하게 부딪혔고 내 차는 크게 파손이 되었다. 앞 유리는 다 깨져서 그 파편이 내 몸에 박혔다. 머리에 피가 흐르고 온몸에 충격으로 인한 너무나 큰 고통이 쏟아졌다. 비명도 지를 수 없는 상황이었고 의식은 점점 흐려졌다. 핸드폰을 들어 누군가에게 도움을 청할 기력조차 없었다. '아, 이대로 죽는 것인가?' 하는 생각이 어렴풋이 들었지만 그것도 그냥 스쳐 가는 빛이었다.

나는 혼수상태로 서울대학교 병원 중환자실에 누워 있다. 거의 의식이 없는 상태였다. 내 상태에 대한 기억도 당연히 내 기억이 아니라 내가 죽을까 봐 달려온 내 가족들의 이야기, 병원 측의 이야기들이다. 중환자실에 두 달 정도 입원해 있었다. 머리를 크게 다쳐 함몰된 상태였다. 그걸 급하게 치료해야 하는데 나를 담당한 과장이 마침 박정희 대통령이 총 맞았을 때 담당했던 의사였다. 실력 있는 명의가 나를 치료한 것도 하늘의 기운이 아닌가 싶다. 의사가 급하게 나를 치료하는데 머리는 함몰이 되었어도 다행히 피가 터지거나 뇌에 손상을 주는 상태는 아니었다.

사고 이후 한두 달 정도 병원 중환자실에 있었다. 나는 일만 하던 사람이었는데 사고로 인해 강제로 몇 달을 쉬었다. 그리고 다시 퇴원해서 일했다. 나는 밑바닥에서 일어서려고 늘 일을 했던 사람이고 일이 습관인 사람이다. 일을 멈추면 좀이

쑤신다. 그래서 몸이 다 회복되지도 않았는데 다시 일했다. 그러다가 병원에 가끔 가서 진료받았고 하루 입원해서 재수술받기도 했다. 나는 이때의 충격, 이때의 죽음에 대한 목격을 도저히 잊을 수가 없다. 지금도 그 임사체험을 다시 떠올리면 너무나 무섭다.

왜 나에게는 이런 일들만 있는가. 하늘이 나를 시험하려 드는가. 그런데 그런 큰 사고를 겪고 나면 다는 더 강해졌고 내가 하는 일도 더 잘 되었다.

나는 저승사자와 싸우고
살아 돌아온 사람이다

내가 주변에 이 이야기를 하면 놀라는 사람들이 많다. 그만큼 믿을 수 없는 이야기면서 한번 들으면 그다음이 계속 궁금한 흥미진진한 이야기다. 내가 했던 경험은 소위 말해서 임사체험이라고 한다. 임사, 즉 내 죽음을 직접 경험하고 보았다는 것이다. 쉽게 말해서 죽었다 살아났다는 얘기인데 그냥 살아 돌아온 것이 아니라 생생하게 죽음의 세계를 보고 왔다는 점이 너무 무섭고 놀랍다. 나는 이 경험을 하기 전까지 그런 이야기를 하는 사람들을 전혀 믿지 않았다. 뭔가 포장된 이야기 같았기 때문이다. 그런데 이제는 그 이야기가 너무 생생한 실화라는 걸 인정하지 않을 수 없다.

이야기는 앞의 내 교통사고와 연결된다. 급발진으로 목숨을 잃을 뻔한 그 상황에서 나는 이승에서 경험할 수 없는 장면을 목격했다. 갑자기 내 눈앞에 큰 강이 보였다. 굽이굽이 흐르는 시골 강 같은데 그 강이 너무 컸다. 강가에는 큰 미루나무가 서 있었다. 쓰르르, 쓰르르 매미 소리가 들리는 걸 보니 늦여름 같았다. 분명 시골 풍경인 것 같은데 그 어디서도 본 적 없는 아주 낯선 동네, 낯선 풍경이었다. 길이 보이는데 차 한 대가 겨우 올라갈 정도로 좁은 길이다. 먼지가 풀풀 날리는 비포장 길인데 가는 길에 첫 번째 집이 나오고 그 집 옆에는 농사를 짓는 텃밭이 있다. 두 번째 집, 세 번째 집을 지나려는데 내가 지나온 길 저 아래 큰길에 강을 지나서 올라오는 갓을 쓴 사람 둘이 보인다. 분명 까만 갓을 썼다.

한 사람은 키가 180cm는 넘는 것 같고 체격은 90kg 정도 되어 보인다. 다른 한 명은 그보다 조금 작은 175cm에 70kg 정도로 보인다. 딱 봐도 한 사람은 크고 한 사람은 조금 작다. 그 두 사람이 내가 있는 쪽으로 걸어 올라온다. 첫 번째 집부터 하나씩 내가 있는지 확인한다. 집 안을 들여다보고 내가 없는 걸 확인했는지 동료에게 고갯짓으로 두 번째 집을 가리킨다. 둘은 두 번째 집 문 앞에서 노크한다. 그렇게 조금씩 나에게 다가오는 그들이 너무 무섭고 섬뜩하다. 두 번째 집에서 사람이 나온다. 아마 그 집 주인인 것 같다. 주인이 왜 왔냐고 묻는 것 같다. 그 둘은 내가 그곳에 없는 걸 확인하고 다시 세 번째 집으로 온다.

세 번째 집은 문이 싸리문으로 되어 있다. 나무를 걸쳐 잠가 놓고 지게 받침으로 매 놓았다. 나는 그 풍경이 생생하게 기억이 난다. 그 집의 방문은 유리에 문 창호지를 붙여 놓았다. 안에서 밖을 보려면 창호지 사이 빈틈으로 보면 된다. 나는 그 방 안에서 밖을 내다보고 있었는데 그 두 명이 문을 막 흔드는 모습이 보였다. 그 순간 너무 겁이 났다. 매어진 지게꼬리도 흔들어서 제쳐버린다. 그들이 문을 쑥 열고 들어오는데 나는 도저히 막을 재간이 없었다. 나는 누워 있다. 그런데 누워 있는 곳이 세 번째 집 방 안이 아니라 서울대 병원 중환자실에 누워 있다. 누워서 그 둘의 얼굴을 갑자기 마주한다. 나는 그들의 표정을 아직도 잊을 수가 없다. 두 사람은 사람의 모습도 아니고 시체의 모습도 아니다. 그들을 보니 머리카락이 다 서버라는 것 이상으로 공포스럽다.

그런데 더 무서운 것은 그들의 말소리가 들리는 것이다.

"이 새끼 다 익었다. 이제 데리고 가자."

나는 이것들을 때려눕히고 살아야겠다는 생각이 들었다. 그래서 젖 먹던 힘을 다 쏟아부어 그 둘의 목을 확 잡아채었다. 그들도 힘이 장난 아니다. 서로 밀고 당기고 격렬한 싸움을 했다. 내가 그랬는지 그들이 그랬는지 살려달라는 비명이 튀어나왔다. 난 그들의 목을 강하게 조르고 놓아주지 않았고 그들은 빠져나가려고 심하게 몸부림쳤다. 그렇게 대략 내 감각으로 10여 분이 지난 것 같았다. 밀고 당기는 싸움이 계속 반복되었다. 싸우는 중에도 무서워서 그랬는지 내 몸이 심하게 떨고 있었다. 내 힘이 조금 느슨해진 틈을 타서 둘이 빠져나오더니 바닥에 누워 있는 나에게 침을 딱 뱉는다. 그러면서 이런 말을 한다.

"아, 이 새끼 더러운 새끼네. 다음에 오자."

그 이후 나는 서울대 병원 중환자실에서 의식이 돌아왔다. 옆에서 누군가가 나에게 꿈을 꿨냐고 물어본다. 심전도 기계는 거의 수평 상태로 죽음을 예고하고 있었는데 다시 뚜뚜뚜하면서 선이 요동을 친다. 내가 정신이 돌아와 살아났다는 증거다. 의사는 "당신 돌아왔네"라는 한마디를 했고 당시 박금화 형님 (책 앞부분에 제 아내를 소개해준 동네 형님으로 등장하신 분)이 겨우 보였다. 그 형님이 나에게 이렇게 말한다.

"재문아, 너 장사지내려고 급하게 달려왔는데 안 해도 되겠네. 미안하고 고맙데이."

나는 그렇게 저승사자를 만났고 그들과 싸웠다. 장면 하나하나 너무 생생하게 기억이 나는 임사체험을 한 것이다. 사람들은 그저 꿈을 꿨다고 얘기하지만 나는 그게 단순히 꿈이 아니라는 걸 너무 잘 안다. 그건 꿈이 아니라 현실 그 자체였다. 나는 저승사자를 때려눕히고 다시 살아 돌아온 것이다. 정말 끔찍하게 공포스러운 기억이지만 살려고 발버둥 친 것만은 확실하다. 언젠가는 이 이야기를 영화로도 만들고 싶을 정도로 너무 생생한 기억이라 이 책에 이렇게라도 담아 기억하고자 한다.

생선 탑차에 **사기도 당하고**

내가 마음이 약한 사람이라는 걸 세상은 다 아는 것 같다. 어떻게 나는 5톤 무 사건에서도 한번 당했는데 같은 실수를 생선 탑차에서도 경험하는가.

맨땅에서 시작해서 건설업에 매진하던 어느 날이었다. 나는 금곡에 있는 식당 앞 신호등에 서 있었다. 당시 금곡예식장, 명성황후묘, 신원 등으로 가는 차를 대기하고 있었다. 그런데 생선 탑차 하나가 다가오더니 기사가 급히 내려 나에게 인사를 한다. 동네 골목 골목을 돌며 "생선 사세요" 하며 장사를 하는 사람인데 내 앞으로 와서 "회장님"하고 부른다. 나는 그 순간 우리 회사 직원으로 있다가 퇴사를 한 사람으로 착각을 했다. 나름 생활 전선에서 열심히 살고 있구나 하는 기특한 마음과 동정심이 들었다.

"회장님, 생선 좋아하시죠?" 하며 너무 자연스럽고 친근하게 다가온다. 그러면서 냉동 생선 한 짝에 10만 원 하는데 한 짝만 팔아달라고 애원을 했다.

"나? 생선 좋아하지. 차에 전부 몇 짝이 있나?"

"14짝이 있습니다."

나는 그냥 한 박스만 사면 되는데 가지고 있던 돈을 다 털어서 차에 실린 나머지 박스도 다 사 버렸다. 단숨에 150만 원을 지급했는데 기쁨에 차 가슴이 퉁탕거릴 정도였다. 나는 그걸 다 나 혼자 먹을 수 없으니 조카들을 천마산 계곡으로 불렀다. 조카가 생선 배를 따고 있었고 나는 느긋하게 함께 나눠 먹는 그 시간을 기다리고 있었다. 그런데 조카가 갑자기 뛰어오면서 이렇게 말한다.

"고모부, 이거 큰일 났어요. 생선이 다 썩었어요."

아, 이게 무슨 청천벽력 같은 소리인가. 가서 확인해 보니 멀쩡한 생선이 단 한 마리도 없었다. 만약 이걸 먹었다면 다들 식중독에 걸려 더 큰 난리가 났을 것이다. 우리는 그 많은 생선을 다 땅을 파서 묻었다. 내 인생은 왜 이렇게 사연도 많고 곡절도 많은가.

나의 부도 이야기,
그리고 쓰나미 같은 인생 대반전

　사업을 하는 사람은 누구나 부도 한 번쯤은 맞는다. 나 역시 예외일 수 없다. 더군다나 인생 굽이굽이마다 어이없는 사건 사고가 많은 나에게 부도는 통과의례나 다름없다. 나는 어린 나이에 사업으로 최고의 성공을 이루었다. 그러다 보니 초심을 잃었다. 내가 맡았던 큰 사업은 수동면에 있는 한솔제지 토지의 토목공사 및 건축 시공 공사였는데 그 금액이 120억 원 정도 된다. 당시 새마을 금고 자산이 6억이었을 때니 어마어마하게 큰 금액이다. 나는 그 일을 따고 나서 최고급 차인 포텐샤를 타고 다녔다. 그러나 사람은 잘나가다 보면 반드시 추락하는 날이 오게 마련이다. 당시에는 화도농협, 새마을금고, 마을금융 등이 너나 할 것 없이 보증이 한창일 때였다. 나는 53명에게 보증을 서서 약 40억 상당의 엄청난 부도를 맞게 된다.

내가 생애 처음 부도를 맞은 건 수원에 있는 보라파크를 샀을 때다. 그 집의 등기부등본을 떼어 보면 내 이름이 버젓이 나와 있다. 보라파크는 수원의 상업지역에 있는 주상복합건물이다. 저층에는 술집, 카페 등이 있는 당시로서는 나름 고층 건물이었다. 나는 그 당시 너무 의욕만 앞섰던 것 같다. 내가 나의 아픔, 나의 실수 등을 이 책에서 낱낱이 얘기하는 것은 우리 MZ 세대들이 의욕만 앞서서 나와 같은 실수를 하지 않았으면 하는 소박한 바람이 있기 때문이다.

나는 보라파크로 임대업을 하려고 투자를 했다. 나는 그 집을 어머니에게 자랑하고 싶었다. 실제 어머니는 한 2년 정도 그 집에 가서 사셨다. 나는 그냥 남양주에서 그곳 수원까지

왔다 갔다 하면서 어머니와 직원들을 챙겼다. 그런데 그 집이 빛 좋은 개살구라는 건 나중에 알았다. 의욕만 앞서고 꼼꼼하지 못 한 게 불찰이었다. 누구를 탓하겠는가. 내가 내 무덤을 판 것이다.

가곡리의 놀푸른 전원마을 약 5천 평 전원주택을 너무나 잘해놓고 물물 교환에 또 두 번째 무더기 위기에 처한 적도 있었다. 수원의 상업지역에 위치한 보라파크는 대지 300평 정도에 들어선 고층 건물로 물물 교환을 놓고 교환했다. 나는 어머니에게 자랑하고 싶어서 어머니를 모시고 건물에 입주했다. 당시 시가 40억 정도였는데 그 50% 금액인 20억 정도의 대출을 받았다. 그러나 내가 그 대출금을 견디기에는 너무도 역부족이었다. 사업이라는 것이 이렇게 의욕과 투자만으로는 한계가 있는 것이다. 나는 다시 마음을 모두 비우고 초심으로 돌아가 동네 변두리에 부동산 사무소 및 개발 사무실을 운영했다.

내 인생은 이렇게 늘 아픔, 사건, 사고, 실패의 연속이었다. 넘어지고 깨지는 게 내 인생이었다. 그러나 그때마다 나는 언제 그랬냐는 듯이 툴툴 털고 일어났다. 저승사자와 싸운 그 깡으로 정면 돌파하며 살았다. 아프면 아픈 대로 상처 입은 그 상태로 그냥 뚫고 나갔다. 그게 내 인생이었다. 그게 내 스타일이었다. 그걸 아마 하늘에서 다 보고 있었는가 보다. 하늘은 나에게 늘 시련만 주는 게 아니었다. 아니 인생 대반전의 행운을 주기 위해 나에게 그렇게 많은 시련을 주었는지도 모른다. 인생은 언젠가는 반드시 전화위복의 기회가 찾아온다.

다음에 풀어 놓을 이야기는 내 인생의 가장 극적인 반전에 관한 이야기고 지금의 안정적인 사업을 가능하게 한 기적 같은 이야기다. 이 이야기는 다음 챕터에서 자세하게 이야기할 것이지만 간략하게 힌트를 준다면 서초동 법원 앞에서 조상 땅 찾기가 한참일 때의 이야기라는 정도만 알면 될 것 같다. 바로 그 시점에 내 인생은 180도 바뀌게 된다. 정말 쓰나미 같은 행운이 나에게 몰려오는 이야기다. 내가 1,000억을 기부하겠다는 꿈을 꿀 수 있는 계기도 바로 그 시점의 행운에서 시작된다. 나는 서초동 법원 앞 변호사 사무소에서 조상 땅을 찾아 위임받아 되팔려고 했다. 많은 곳에 문의 방문하던 중이었다. 남양주시 화도읍 가곡리에 약 20여 필지 7만 8천 평, 금액으로 15억을 입금해달라고 문의했다. 바로 그 지점에서 쓰나미 행운은 시작된 것이다.

내가 조상 땅 찾기로 잡은 행운은 천문학적인 숫자의 금액을 나에게 안겨주었다. 넉넉잡고 100억이 내 수중에 들어왔다. 나는 그래서 그 일을 쓰나미적인 행운이라고 표현한다. 그때가 2002년 즈음이었을 것이다. 내가 임사체험을 한 이후였다. 그때 나에게 온 100억은 내리막이 없이 나를 계속 오르막으로 올려 주었다. 나는 그때 이후로 그 어떤 부도나 실패, 추락이 없이 계속 인생의 상승곡선을 탔다. 그 이후로 나는 1년에 100억 이상씩 계속 벌었다. 16년 동안 1년에 100억씩이면 얼마인가. 참 기적 같은 삶이었다. 그러나 나는 그 기적, 그 행운을 온전히 나 혼자 누리고 싶은 마음이 없다. 그래서 KBS와 인터뷰를 하면서 기자에게 당당히 1,000억을 기부하겠다고 말한 것이다. 나의 행운을 나는 세상과 나누고 싶은 마음이 크다. 나에게 온 100억이라는 돈은 내 사업을 위한 마중물이었다. 그 돈으로 전원주택을 짓고 다시 대출받아서 다른 집을 지어 팔았다. 그렇게 건설 시공으로 큰돈을 벌었다.

사업이라는 게 순수하게 자기 돈만으로는 안 된다. 나는 100억을 가지고 다른 대출을 더 받아서 내 사업의 스케일을 키워 갔다.

나의 행운이 그냥 왔겠는가. 나는 그 행운이 온전히 내 몫이라 생각하지 않는다. 다 조상의 덕이고 아버지, 어머니의 덕이다. 그래서 내 인생에서는 부모님 특히 어머니를 빼놓고는 이야기할 수 없다. 나는 늘 어머니만 보면 애틋하다. 나이가 들어서는 더 그렇다. 어느 날 어머니를 모시고 서울을 다녀오는 길이었다. 화물 용달차에 기름을 넣으려고 할 때 화장실을 다녀오시는 어머니의 모습을 봤다. 옷깃을 여미고 오시는 그 모습이 너무나 작아 보였다. 어릴 적에는 그렇게 크고 의지가 되는 멋진 분이셨는데 너무 작고 초라해 보이는 어머니 모습에 정말 세월이 야속하다는 생각밖에 안 들었다.

엔스레지통이라는 게 있다. 나는 요즘도 옛날 엔스레지통 사진을 가끔 보면 어머니가 자꾸 생각이 난다. 엔스레지통은 옥수수 같은 것을 잘라서 넣는 곳이다. 거기에 탈곡해서 넣으면 모자를 쓴 여자들 셋이서 꾹꾹 밟는다. 양을 많이 채우기 위해서 그걸 눌러 밟는다. 그걸 겨울에 펴서 소에게 먹일 겨울 양식으로 썼다. 한 마디로 소여물 저장통인 것이다. 어머니는 그런 힘든 시절을 살아오신 생활 전사이다. 나는 그런 어머니에게 더 맛있는 것을 사 드리고 더 좋은 집에 모시고 싶었다. 그중에 하나가 보라파크였는데 그게 나와 어머니에게 상처를 준 것이다. 그러나 그 뒤의 인생 대반전은 우리 집안의 가난에 대한 하늘의 보상이라고 생각한다.

Ch.3

쌍무지개를 두 번 보고
내가 큰 부자가 되었던 것인가?

나는 보통 사람이라면 한 번도 보기 힘든

쌍무지개를 두 번 보았다.

나이아가라 폭포에서 현실적으로 한번

그리고 어느 날 꿈속에서

폭포 밑으로 떨어져서 본 또 한 번

두 번이나 그 쌍무지개를 보았기 때문일까

나는 조상 땅 찾기로 내게 온 행운을 더해

가곡리 전원마을 100% 분양

웨이크힐 타운하우스 100% 분양으로

엄청나게 큰 부를 움켜쥐게 된다.

| 나이아가라 폭포에서 바라본 쌍무지개

| 용이 황금알 3개를 낳은 아내 어묘숙의 꿈 이야기

| 나를 정신 차리게 한 식당 아줌마의 한마디

| 나는 정규직 비정규직 직원을 동등하게 대우했다

| 집터를 고르다가 12m 돌 부부를 만난 행운

| 나는 늘 나누고 베푸는 사람이다

| 2015년 웨이크힐 타운하우스를 아들과 함께 성공시키다

| 골프 배운지 4개월 만에 싱글! 그리고 마석 골프회 회장 취임!

| 전원주택 그다음은 아파트 사업이 목표다

| 10년 이상 계곡에서 능이백숙을 베풀다

| 내가 사는 곳은 남양주의 독립운동가인 이석영 어른이 살던 곳

| 폭포 밑으로 떨어져서 쌍무지개를 보았던 그 꿈

| 남양주시를 슈퍼 성장으로 이끈 주광덕 시장님을
  형님으로 모시며

| 2020년 강병선 회장님의 제빵소 덤 개업을 축하하면서

나이아가라 폭포에서
바라본 쌍무지개

아마 1995년 즈음이었던 것 같다. 나는 꿈에도 생각하지 못했던 곳으로 여행을 떠난다. 아내 여묘숙 여사와 함께 미국의 미시간주 네바다주 라스베이거스에 갔다. 그곳에 누구나 가보고 싶은 나이아가라 폭포가 있다. 정말 어느 광고 카피에서 위트 있게 말했던 것처럼 그 폭포를 보면 "나이야, 가라!"라는 말을 듣는 것 같았다. 내가 그곳에 갈 수 있었던 것은 친구 강준식이 미시간주에서 미국 시민권을 받아 나를 초대했기 때문이다. 그 친구도 나름 고생을 많이 했지만 가정을 이루고 잘 정착했다.

나이아가라 폭포는 너무나 유명한 곳이어서 관광객들이 참 많았다. 여기저기 한국인도 많이 보였다. 나는 라스베이거스에서 쇼도 보고 쇼핑도 하면서 아주 즐거운 시간을 보냈다. 특히 인상적이었던 것은 직경 20m 정도의 동그란 원 속에서 두 명이 오토바이를 타는 모습이었다. 어떻게 떨어지지도 않고 저렇게 잘 탈까. 인간의 기술이 너무 경이롭다는 걸 느꼈다. 너무 감동적이어서 아직도 그 장면이 잊히지 않는다. 나는 친구 강준식 부부와 함께 이곳저곳을 돌아다녔다. 밥도 같이 먹기는 했는데 내 입에는 미국 음식이 맞지 않아 식욕이 좀 떨어진 것은 아쉬움으로 남는다. 결국 한국 사람은 한국 음식을 먹어야 하나 보다. 친구 부부와 함께 폭포 옆에 한국 사람이 운영하는 식당에서 삼겹살 고추장구이 등으로 배를 든든하게 채우고 폭포를 제대로 즐겼다. 우리는 유람선을 타고 폭포 맨 아래까지 들어갔다. 아, 세상에 이렇게 장엄하고 멋진 풍경이 있을 수 있을까. 나는 천하제일의 풍경 앞에서 그냥 넋을 놓고 말았다.

유람선 밖으로 나가 폭포에서 떨어지는 물보라를 보는데 때마침 쌍무지개가 하늘 끝에 떠 올랐다. 폭포도 장관인데 무지개까지 나에게 선물을 주시다니. 너무 예쁘고 아름다운 풍경에 감동했다. 자연의 신비로움을 깨닫는 아주 멋진 순간이었다. 친구를 포함해 주변 사람들이 이구동성으로 1년에 한두 번 무지개가 뜨는데 그걸 직접 보는 건 너무 어려운 일이라고 했다. 아마 내가 복 많이 받을 것 같다고 해서 기분이 더 좋았다. 칠성신이 나를 점지해 이 지구상에 아들로 태어났는데 내가 참 복 받은 사람이구나 하는 생각을 하며 하늘에 감사의 기도를 올렸다. 쌍무지개는 문학적으로도 희망과 새로운 시작을 의미한다. 그 의미를 생각하니 더 감동적이었다.

나는 라스베이거스 여행 중 틈틈이 시간을 내서 빠친코에서 오락도 즐겼다. 세계에서 가장 유명한 도시에서 사행성 문화의 진수를 제대로 체험했다. 아주 멋진 여행이었고 너무나 즐겁고 행복한 순간이었다. 이 자리를 빌려 그런 멋진 경험을 선물한 친구 강준식과 그 아내에게 감사의 인사를 드린다.

나이아가라 폭포

용이 황금알 3개를 낳은
아내 어묘숙의 꿈 이야기

이번에는 내 아내 어묘숙 여사의 꿈 이야기를 해 보려고 한다. 어느 날 아내가 참 이상한 꿈을 꾸었다고 내게 꿈 이야기를 한다. 꿈에 어떤 시골 마을이 나왔다고 한다. 싸리나무로 담장을 만들고 대문을 지게 끈으로 엉성하게 묶어 놓은 그런 집이었다. 치안이라고는 생각할 수 없는, 그저 경계 표시만으로도 충분했던 옛날 시골집의 풍경이었다.

그 시골집은 초가집이었는데 지붕에 박이 열려 있었다. 방문은 문풍지와 유리로 만들었는데 문 창호지 구멍 사이로 바깥이 보이는 그런 집이었다. 아내가 문틈으로 바깥을 보니 큰 용이 와서 대문을 찌걱찌걱 밀고 있었다고 한다. 용의 크기는 몸통 길이만 해도 7~8m 되고 머리 크기는 한 60~70cm 정도 되었다. 옛날 싸리문은 엉성한 문이었는데 그렇게 큰 용이 그 문을 밀고 들어오려고 했다. 계속 밀어대니 약 1시간 정도 만에 지게꼬리가 풀리면서 문이 열렸다. 그리고 용이 집 마당 안으로 쑥 들어왔다.

아내는 너무 무서워서 눈을 쓸던 싸리나무 빗자루에서 가느다란 살 하나를 빼서 용의 얼굴을 쳤다. 집 밖으로 나가라고, 나가라고 계속 쳤다. 그런데 용은 그걸 피하면서 계속 밀고 들어왔다. 더 세게 쳤는데도 아랑곳하지 않고 밀고 들어왔다. 그런데 이 녀석이 더 밀고 들어오지 못하니까 아내를 돌아서 집 뒤편으로 갔다. 아내는 무서워서 바로 방으로 뛰어 들어가 이불을 덮고 있었다. 그런데 시간이 지날수록 용이 간 집 뒤편이 궁금했다. 아내는 이 녀석이 갔는지 안 갔는지 너무 궁금했다. 그래서 빼꼼히 바깥을 내다보았다.

용이 집에 들어오고 나서 대략 3~4시간이 지난 것 같았다. 아침에 들어온 용이 저녁이 다 되어서까지 집 밖으로 나가지 않았다. 그래서 아내는 살살 밖으로 나가 보았다. 집 뒤에는 아궁이와 연결된 굴뚝이 있었다. 그런데 맙소사! 그 굴뚝 앞에 용이 황금알 3개를 낳아 놓았다. 황금알의 크기가 얼마나 크냐면 두 손으로 안아야 할 정도였다. 직경이 80cm 정도에 높이도 1m 가까이 되는 것 같았다. 아내는 그 알을 하나씩 안아서 방 안으로 가지고 와 이불로 덮었다. 황금알 3개 모두를 덮었다. 그러다가 깼다고 한다.

아내가 이 꿈을 꿀 때는 내가 쌍무지개 꿈을 꿀 때와 시기가 거의 비슷하다. 뭔가 좋은 기운이 우리 집안에 들어온다는 느낌이 들었다. 이게 모두 천지신명의 도움 아닌가 생각한다.

나를 정신 차리게 한
식당 아줌마의 한마디

나는 조상 땅 찾기 할 때 정말 온 정성을 다 쏟아 최선을 다했다. 당시에는 다른 사람들도 나에게 많은 조언을 해주었지만 그 말들은 그저 참고만 하고 오직 나 자신의 직감만을 믿고 앞으로 나갔다. 조상이 주신 내 지혜만을 믿었다. 조상 땅을 찾는 일이니 분명 우리 조상님들이 도와주시리라 생각했다. 그렇게 온 마음으로 일을 처리했더니 정말 내 인생에서 꿈도 꿀 수 없는 마법 같은 일이 벌어졌다. 정말 엄청난 규모의 땅도 생기고 평생 만져보기 힘든 큰돈도 만져보았다. 내 팔자에는 없을 것 같은 멋진 일들이 쉼 없이 펼쳐졌다. 그 기적 같은 순간에 내가 주인공으로 우뚝 서 있는 것이 너무 자랑스러웠다.

나는 사실 너무나 처절한 아픔을 겪으며 그 기적과 행운을 손에 쥔 사람이다. 그 기적을 만나기 4~5년 전 즈음 보증을 서서 모든 것을 잃었다. 정말 주머니에 땡전 한 푼 없이 방황하던 그 밑바닥의 시간들이 나를 더 바닥으로 이끌었다. 참 비참했던 어느 날 저녁 8촌 동생이 운영하던 동네 식당에서 밥을 먹었다. 나는 아무 생각 없이 그 식당에 들러 찌개 하나에 소주 두 병을 시켜 나의 비참함, 괴로움, 외로움, 우울함과 싸웠다. 잊고 싶어도 잊을 수 없는 그 감정들 때문에 정말 지푸라기라도 잡는 심정으로 소주를 털어 넣었다. 만감이 교차하는 절망의 시간이었다. 어디서부터 잘못된 걸까? 아무리 되돌아보아도 답을 찾을 수가 없었다.

술값을 계산하려니 주머니에 돈이 없었다. 이 또한 엄청나게 창피한 일이었다. 하늘이 나에게 혹독한 시련을 주는구나.

나는 제수씨에게 술값 2만 6천 원은 다음에 주겠다고 외상 걸어 놓으라고 했다. 비참하고 복잡 미묘한 감정으로 식당 문 앞에 걸린 중국 음식점처럼 늘어진 발을 제치고 밖으로 나와 문밖에서 담배 한 대를 피웠다. 그런데 바로 그 순간 내 인생에서 카운터 펀치를 맞을만한 충격적인 말을 듣게 된다.

"아니, 망했으면 처음부터 먹지를 말아야지. 외상은 무슨 외상! 아이, 재수 없어 증말~~!!"

제수씨의 입에서 그런 험한 말이 튀어나왔다. 나는 그 말을 듣는 순간 너무 겁이 나고 초라했다. 그때가 밤 9시 즈음이었다. 나는 큰길을 외면하고 하천 쪽으로 돌아서 집에 갔다. 축 처진 모습으로 마치 하천에 빠져 죽을 것처럼 걸어갔다. 세상을 모두 잃은 모습 그대로였다. 그런 모습으로 집으로 터덜터덜 돌아갔다. 그 비참함이 나를 정신 차리게 한 계기였고 내가 책을 쓰게 된 결정적인 이유이기도 했다.

나는 정규직 비정규직 직원을
동등하게 대우했다

내가 한 40여 년 동안 건설 일을 하면서 직원들이 적게는 50명에서 많게는 100명까지 있었던 적이 있었다. 나는 평생 건설 현장에서 이 직원들과 함께 땀을 흘리며 먹고 살았다. 100명이 매일 매일 일을 하는데 이 100명 중에 비정규직이 한 30명, 정규직이 60~70명 정도 되었다. 비정규직 중에는 외국인들도 좀 있었다. 방글라데시아, 인도 심지어는 러시아에서도 사람들이 왔다. 나는 이들을 정말 내 식구처럼 대접했다. 나는 현장에서 일하는 사람의 경우 비정규직이나 정규직, 내국인이나 외국인을 따로 구별하지 않았다.

건설 현장 일은 힘을 써야 하는 일이 많다. 그래서 나는 일주일에 돼지 한 마리씩 잡아 우리 전 직원들에게 먹였다. 돼지 한 마리를 잡으면 고기 한 점 남지 않고 직원들이 다 먹어주었다. 나중에는 정말 국물만 남았는데 그게 내 마음을 뿌듯하게 했다. 사실 지금 내가 건설 일로 성공하게 된 것은 이들이 있었기 때문이다. 그리고 정규직, 비정규직을 구분하지 않고 대해주었기 때문이다. 나는 나와 함께 일하는 사람들은 그 누구도 서운한 마음을 먹지 않게 했다. 직원들에게 계절마다 옷도 다 사주었다. 직원 중에는 고마워서 눈물을 흘리는 착하고 여린 직원도 있었다. 나는 그런 진심들을 참 좋아한다. 내가 하는 일은 절대 나 혼자 잘 먹고 잘살자고 하는 일이 아니다. 그래서 이렇게 일자리 현장에서도 나눔을 실천하며 살아왔다.

시무식이나 종무식을 할 때는 직원들을 장어집으로 데리고 갔다. 장어집에 전 직원을 데리고 가서 먹이면 한 끼 식사로 1,300만 원 정도 나온다. 어마어마한 금액이다. 돼지 양념구

이집에도 데리고 간 적이 있는데 500만 원, 600만 원은 가볍게 나갔다. 그래도 나는 아쉽거나 아깝지 않았다. 여름철 무더위 때는 아이스크림 통을 가져다 놓고 마음껏 먹으라고 했다. 비록 쭈쭈바만 가득 채워 놓았지만 그거라도 있고 없고의 차이가 크다는 걸 잘 안다. 특히 내가 천마산에서 아이스께끼 장사를 했던 기억도 떠올라 더 애틋하게 챙겨주었다.

세상일이라는 게 결국 배려의 힘이 필요하다. 나는 직원을 돈을 주고 부린다고 단 한 번도 생각하지 않았다. 그냥 같이 먹고 사는 것이다. 내가 직원으로 밑바닥에서 힘들게 일했던 기

남양주 화도읍 가곡리 웨이크힐 시공 현장

억이 생생해서 나의 현장에서 일하는 직원들을 더 챙겨주려고 했다. 사람 사는 세상이 아래위가 어디 있는가. 같이 각자의 몫에서 최선을 다하며 돕고 사는 것 아니겠는가. 나는 예나 지금이나 그런 마음으로 직원을 대하고 있다.

사회생활을 하면서 만나는 모든 분에게 나는 최대한 상대를 편안하게 하고 나를 부담스럽게 생각하지 않게 한다. 그게 그 아이의 가장 큰 장점이자 철학일 것이다. 나는 그런 삶이 몸에 배어있다. 그러나 옳고 그름을 분명하게 가릴 줄도 안다. 일을 추진하는 것도 지치거나 포기하지 않고 식지 않는 열정과 내 속에 단단하게 구축된 삶의 철학으로 어려움을 극복해 왔다. 그런 나의 삶에 나는 스스로 박수를 보내고 싶다. 남으로부터 먼저 칭찬을 들으려 하기보다 자기 자신에게 먼저 박수를 보내야 한다.

아래는 종무식 때 직원들에게 보낸 문자 메시지다.

언제나 든든한 (주)대한개발~웨이크힐분양~모든책임자분들~~~
종무식에 참석해 주셔서 깊이 머리숙여 감사 올립니다~

다소 불편하지는 않으셨는지요~?

후일 기회가 되면~멋지게 의전해서 따뜻한 마음으로 모시겠습니다~~~

호랑이는 죽어서 가죽을 남기고~그 아이는 마석 중심부에

~김재문 프랭카드~~~

보는 순간 가슴이 뭉쿨하고 눈시울이 뜨거웠습니다~~

이 세상에 이 일 보다~더 좋은 일이 있을까요~

그 아이는~참지 못하고 눈물을펑펑 흘립니다~~~

이 모든 것이~여러분 덕분입니다~

기쁨을~모든 관계자 분들께 돌립니다~~~

사랑한다고요~♡♡♡

그 아이는~감사하다고 소리 지르다~잠이드네요~

사랑합니다~~~♥♥♥

집터를 고르다가
12m 돌 부부를 발견하다

나는 지금까지 6곳에 집을 지었다. 정말 열과 성을 다해 지었다. 남양주 시민들의 주거 안정을 도와드려야지 하는 마음으로 집을 지었다. 그래서 집값도 터무니없이 높게 받기보다 합리적인 선에서 공급했다. 내 고향 사람들, 내 고향에 와서 살려고 하는 사람들에게 이문을 많이 남겨서 무엇 하겠는가.

- 수동면 지둔리의 전원주택

- 수동면 내방리의 전원주택

- 화도읍 가곡리에 늘 부른 전원주택

- 화도읍 가곡리의 이스턴빌 빌라

- 화도읍 가곡리의 가오실마을 전원주택

- 화도읍 가곡리의 웨이크힐 전원주택 및 공공주택

이렇게 6곳을 시공하면서 참 많은 일이 일어났다. 조상 땅 찾기를 통해 손에 쥔 자금을 가지고 겁 없이 가오실마을 전원주택을 시공하려고 덤볐다. 건설은 오로지 자기 돈만으로는 일할 수 없다. 그래서 금융권 대출을 받아 내 힘으로 도저히 이룰 수 없는 전원주택 완공을 이루었다. 그런데 그때 토목공사를 하면서 정말 어마무시한 일이 벌어진다.

포크레인으로 집터를 고르고 있었다. 그런데 포크레인 기사가 뭐 이상한 큰 돌이 박혀서 꿈쩍도 안 한다고 한다. 계속 파보라고 하니 그 땅속에 길이 12m짜리 사람 형체로 된 돌이 있었다. 그런데 그냥 사람 형체가 아니었다. 정말 기가 막히게도 부부 모양의 돌이었다. 나는 포크레인 박향배 이사와 조심스럽게 그 특별한 돌을 꺼냈다. 그리고 그 돌을 천안에 있는 고급 주택 앞 마당에 설치하고 보존하도록 했다. 지금도

그 부부 돌은 멋지게 자리 잡아 명물로 소문이 나 있다. 내게
는 그런 신기한 일들이 늘 있었다. 뭔가 하늘이 나에게 좋은
신호, 좋은 에너지를 자꾸 주는 것 같았다. 그동안 고생 많이
했으니 이제부터는 너에게 좋은 선물들을 줄 것이라고 하는
것 같았다.

그 자연석 돌 부부 역시 아무나 만날 수 없는 기적이다. 그
걸 작품으로 직접 만들려고 해도 엄청난 공이 들어간다. 누
가 저렇게 멋지게 만들었을까. 그렇게 흙 속에 오랫동안 묻혀
있던 돌 부부를 세상에 빼내어 섬기었는데 그게 아마도 좋은
일을 계속 부르는 것 아닌가 하는 생각도 잠시 해 본다. 그 돌
부부 덕분인지 그렇게 힘들었던 시공, 대출 등의 어려운 일들
이 비가 갠 말끔한 하늘처럼 깨끗하게 풀렸다. 그러면서 나는
사업에 더욱 자신감을 갖게 되었다.

나는 가오실마을 전원주택을 아주 깨끗하게 성공시키면서
직원들의 노력이 컸음을 잘 알고 있다. 내가 지금까지 사업에
서 승승장구하는 것도 다 직원들 덕분이라는 생각을 늘 한다.
그래서 이 자리를 빌려 그들에게 감사의 마음을 전한다. 세상

일이라는 게 그렇다. MZ 세대들도 곧 알게 되겠지만 세상은 절대 자기 혼자 힘으로는 성공할 수 없다는 것이다. 주변에 자신과 함께하는 사람들이 가장 큰 힘이 된다는 것을 알게 될 것이다. 나는 그걸 나름 일찍 깨달았다. 그리고 그 고마움을 갚기 위해 앞으로 주변에 더 베풀고 나누겠다는 다짐을 했다.

부부 돌 앞에서

나는 늘 나누고
베푸는 사람이다

    나는 돈을 움켜쥐고 사는 사람이 아니다. 설 명절 때였던 것 같다. 지금도 어느 정도 확보해서 주변 사람들에게 감사의 마음을 나눈 적이 있다. 나는 내가 번 돈들이 다 그들의 도움이 있었기에 가능하다는 생각으로 나눈다. 그 양이 많건 적건 기회가 되면 나누려고 한다. 어느 설 명절 때 이런 마음을 주변에 베풀었다.

1. 소갈비 90짝

2. 나주 배 200짝

3. 양주 및 곤약 100여 병

4. 금송아지 5개

5. 땅 200평, 3필지

이것뿐만이 아니다. 나는 화도읍 가곡리 꾸지뽕 농장을 12년 동안 경영하면서 한 해 1억 원에 가까운 농작물을 지인, 동료, 친구, 친지 등 주위 분들에게 매년 나눠드리고 있다. 이런 나눔의 일을 할 수 있는 것도 칠성님이 나를 도와주었기 때문이라 생각한다. 나는 가난한 집안의 아들로 태어나 매우 어려운 시절을 보냈지만 이제는 엄청나게 큰돈을 만지고 있다. 그돈을 초심을 잃지 않으려는 마음으로 나누려 한다. 1,000억을 기부하려는 마음도 괜히 생긴 것이 아니다.

이웃과 친구, 동료들과 함께하려고 나누고 베푸는 마음은 말로 표현하기 힘들 정도로 좋다. 물은 아래로 흐르게 되어 있다. 물도 그렇지만 돈도 고이면 썩는다. 그 돈이 좋은 곳으로 흘러 들어가면 다시 나에게 좋은 기운이 온다. 그것이 노자가 얘기하는 상선약수의 생활이 될 것이다. 이 땅의 MZ 세대들은 그 작은 원리를 반드시 몸으로 마음으로 깨닫기를 바란다. 베풀고 나누는 모습은 결코 손해가 아니라 오히려 더 큰 이익임을 알아야 한다. 베풀고 나누는 습관은 반드시 그 대가를 받으며 많이 베푼 사람에게 더 많은 돈이 들어온다는 사실을 꼭 알려주고 싶다.

인간은 나이가 들수록 얇고 노련해진다. 없는 자보다 있는 자가 더 욕심을 내는 법이다. 그걸 뒤집어야 한다. 그래야 더 큰 복이 들어온다. 나는 베풀고 난 다음에 마치 구름 위에 뜬 기분을 느낄 수 있었다. 나 자신 스스로 칭찬하고 만족을 느끼는 순간이었다. 어두운 터널을 빠져나오고 나니 이렇게 전혀 다른 세상이 펼쳐진다. 이런 세상을 보고 나니 지금 어두운 터널을 걷는 이에게 반드시 희망이 있음을 이야기해주고 싶다. 나는 2013년 가오실마을 전원주택을 조기에 완공하고 엄청나게 큰 금액을 손에 쥐었다. 직원들과 합심하여 만든 결과였다. 분양이 거의 끝나갈 즈음에 정년퇴직하셨다는 어떤 분이 집이 너무 예쁜데 또 있느냐고 문의를 했다. 마음이 참 뿌듯했다. 그리고 그런 분들을 위해 더 좋은 집을 공급해 드

꾸지뽕 농장을 일구는 모습

려야겠다는 마음을 먹었다. 사업을 더 크게 벌이고자 했다. 그렇게 해도 이제는 무섭거나 두렵지 않았다. 가오실마을의 성공 덕분에 자신감이 차올랐다. 나는 출진무적(出進無敵)이라는 생각으로 또 다른 사업지를 발굴해서 하나씩 일을 해 나갔다.

2015년 웨이크힐 타운하우스를
아들과 함께 성공시키다.

나는 지금 웨이크힐 타운하우스 거실에서 이 글을 쓰고 있다. 거실 창 너머로 내가 힘들게 살았던 천마산이 보인다. 저 산을 보면 나는 늘 초심으로 돌아갈 수 있다. 웨이크힐은 고급 타운하우스다. 나는 이 일을 할 때 부지 작업부터 아들 김민수를 데리고 시작했다. 아들에게 아버지가 하는 일을 보여주고 싶었다. 그리고 아들도 이 일을 배워 자신 몫의 인생을 살게 하고 싶었다. 나는 그 어느 때보다 가슴이 뛰었지만 부담도 컸다. 만일 이 일이 잘못되어 우리 어린 아들이 상처를 입으면 어떻게 하나 겁이 나기도 했다. 아빠로서 무언가를 보여주어야 한다는 심적인 부담이 아주 컸다.

　나는 총칼을 들고 전쟁을 하는 심정으로 생활 현장을 누비고 다녔다. 죽음의 고비를 몇 번이나 넘기며 이 자리에 섰다. 그래서 나도 모르게 내 삶에는 버티고 이겨내는 에너지가 축적되어 있다. 나는 어떤 일을 맡으면 정말 죽기 살기로 덤벼든다. 웨이크힐 타운하우스도 그런 마음으로 시작했고 그 누구도 상상하지 못한 수준의 고급 타운하우스를 성공적으로

웨이크힐 공사 현장에서 아들과 함께

시공했다. 물론 이런 모든 일이 역시 나 혼자 힘으로는 역부족이다. 나에게는 의형제를 맺은 남양주 건달 이명우와 서용주가 있다. 참 의리 있는 그 친구들은 내가 힘이 부족할 때 믿고 도와주는 아주 좋은 동생들이다. 웨이크힐이 성공하기까지는 명우의 도움이 컸다. 명우는 죽는 날까지 내 머릿속에 아주 고맙고 의리 있는 동생으로 자리하게 될 것이다. 나에게 두 동생은 제일 큰 재산이고 삶의 엔돌핀이다. 나는 하늘이 내게 선물한 동생들이라고 자랑하고 다닐 정도다.

내 사업은 운도 좋았던 것 같다. 남양주의 웨이크힐 타운하우스를 건설할 때는 주택경기도 좋을 때였다. 건설은 결국 타이밍이다. 필요한 사람에게 적절한 때에 공급해야 성공한다. 나는 웨이크힐을 없어서 못 팔 정도로 빠른 시기에 분양 완료했다. 가곡리 전원주택도 그랬지만 이번 웨이크힐은 아들과 함께 사업을 하고 성공을 해서 더 뜻깊다. 아들에게 아빠의 힘을 보여줄 수 있어서 너무 좋다. 그리고 성공적으로 분양을 해서 거액의 이익을 챙길 수 있음에 또 감사한다. 나는 이것이 부자로 가는 길이라는 확신을 한다. 내가 그렇게 걸었으니 우리 MZ 세대들도 자신의 영역에서 충분히 그 길에 들어설 수 있음을 확신한다. 나 같은 밑바닥도 했는데 여러분은 더 잘할 수 있다. 내 아들과 같이했는데 여러분도 충분히 할 수 있다.

남양주시 화도읍 가곡리 곡골 계곡에서 어린 시절을 보낸 그 가난한 아이가 칠성신의 도움으로 주머니 사정이 조금씩 나아지고 있다. 나는 늘 감사하며 나의 노하우를 나누고 나의 자산을 세상에 베풀 것이다. 그것이 앞으로 내가 할 일이라 생각하며 더 겸손해지려고 노력한다.

≫ 서용주 동생에게 보낸 나의 문자

사랑하는용주동생~~~
세월은 참으로 빠르구나 ~
벌써 삼복 더위가 눈앞에 왔네~ 지혜롭게 잘~리더하길
바란다~
인생에 굴곡이 있듯이~사업도~상승곡선을 잘 타야 해~~~
여유있게 즐기길 바란다~
편안한 시간에 식사 한 번 하자~ 믿는다~~~♥♥♥♥

완공된 웨이크힐의 멋진 전경 (아들과 함께한 작품)

나의 큰 재산이자 엔돌핀인
동생 명우가 내 원고를 보고 보낸 글

어느 날 김재문회장님께서 어이 명우야 형이 책을 한권썼는데 초안이 나왔으니 너 한번 읽어보구 너도 보탤 말 있으면 한마디 넣어보라고 하신다. 그러면서 원고 한 권을 던져주길래 "아니, 형님이 책을쓰셨다구요?" 그 전부터 책 한 권 써봐야지 하시는 말을 그냥 하는 말로 들었는데 정말로 원고를 받고나니 이 형님은 정말 맘먹은 건 하시는구나 하는 생각이 절로 나왔다. 평상시에 엄하고 무서울 때도 있지만 또 무척이나 재밌고 엉뚱한 면도 많으신 분이라 원고를 받아들고 집에 내려와 천천히 읽기 시작했다. 불과 몇 시간도 안 되어 다 읽고난 뒤 다시한 번 나도 같이 그분의 삶을 돌아보는 계기가 되었다.

김재문회장님은 내게는 멘토이자 롤모델이었다. 때로는 '이게 돼?' 라는 의문이 들 정도로 돌발적이고 엉뚱한 점이 많지만 이상하게도 들어맞고 되는 일들이 신기할 정도로 많았다. 하지만 그분의 삶은 늘 녹록지 않았으며 그 누구보다 치열했음을 나 자신이 당당히 증명할 수 있다. 약 16년 전 김재

원고를 마무리할 즈음인 2023년 8월, 강병선 회장의 제빵소 덤에서 동생 명우와

문 회장님을 모시고 주택사업을 할 때의 일이다. 새벽에 날이 밝기를 기다리며 인부들이 현장출력을 하면 일일이 다 챙기고 일과가 끝나 현장에서 사람들이 다 떠날때까지 남아 있던 회장님. 입에 백태가 허옇게 하루종일 가시지 않을 정도로 일정과 과정을 일일이 다 챙기며 현장을 돌보던 모습이 지금도 생생하게 기억이 난다. 그런 꼼꼼함이 있는데 어찌 일을 그르칠 수가 있겠는가. 나는 그때 배운 게 참 많다.

이 책 초반과 후반에 나오는 대목 중에 돈이 아무리 많아도 이번 생은 싫다는 그 짧은 한마디에 그분의 모든 삶이 압축되지 않았나 하는 생각이다. 나는 매년 연말이면 김재문회장님께 문자로 짧은 연말연시 편지를 쓰는데 말끝에는 항상 형님의 10분의1이라도 흉내내며 살고싶다고 표현한다. 그리고 재산이 많은 건 그리 부럽지 않지만 그런 맘을 먹고 실현하며 사는 삶은 본받을 가치가 있음을 느낀다. 나 스스로도 회장님처럼 그런 일을 해보고 싶다. 본인의 뜻대로 이 책이 세상에 널리 퍼져나가고 또 그 유지가 받아들여져 많은 이들에게 유익함을 나눌 수 있기를 나 또한 간절히 소망한다. 김재문회장

님의 앞날에 더 큰 영광과 성공이 함께하길 빌며 이 책에 덧
글을 마친다.

골프 배운지 4개월 만에 싱글!
그리고 마석 골프회 회장 취임!

나는 맛있는 것도 제대로 못 먹고 살았고 제대로 된 정장 한 벌도 없이 살았다. 말 그대로 그냥 일만 했다. 비록 사업을 했지만 골프를 칠 여유도 없었다. 그런데 이제 환갑을 지나고 나니 자식들이 "아버지, 이제 골프 좀 치세요." 한다. 그러면서 멋진 골프채까지 선물해 준다. 그 아이는 이런 게 낯설다. 귀족 스포츠라고 하는 그 골프가 몸에 맞을 리가 없다. 그래서 선뜻 골프를 치기가 꺼려졌다. 시간이 지나 아들이 묻는

마석골프회 월례대회 후 한 컷

다. "아빠, 골프 치고 계시죠?" 나는 이 핑계, 저 핑계를 대고 골프 못 치고 있다고 했다. 그랬더니 아들은 아예 골프연습장 6개월을 끊어준다. 이렇게까지 해주는데 어찌 안 칠 수가 있는가.

나는 궁금해서 주변 지인에게 물어보았다. "도대체 돈이 얼마만큼 있어야 골프를 치는 거요." 그 사람 왈, 돈 1억 없는 사람도 다 골프를 친다고 한다. 그러면서 적극적으로 골프를 치라고 권한다. 아들도 권하고 주변 사람들도 권하기에 본격적으로 골프 연습을 했다. 나는 무엇이든 한 번 시작하면 중간에 포기를 모른다. 한번 하기로 마음먹으면 남들보다 2배 3배의 집중력과 노력으로 속도를 올린다. 그렇게 연습을 시작한 지 20여 일, 비록 초보지만 드디어 필드에 나가기 시작했다. 자신감만큼은 하늘

HOLE	1	2	3	4	5	6	7	8	9	TOTAL
PAR	4	4	4	3	5	3	5	4	4	36
SCORE	0	+1	+1	+2	0	-1	-1	0	-1	37
PUTT										0
HOLE	10	11	12	13	14	15	16	17	18	TOTAL
PAR	4	4	4	3	5	4	4	3	5	36
SCORE	0	+1	+1	0	0	0	-1	0	-2	35
PUTT										0

놀라운 내 스코어 보드

을 찌를 정도였다. 같이 골프를 치는 사람들에게 모르는 것은 끊임없이 묻고 스스로 깨달아 갔다. 그렇게 4개월 동안 필드에 6번을 나가게 되었다. 그리고 놀랍게도 그 초보자가 76타를 기록하는 기적을 연출한다. 버디 2개, 이글 1개를 했다. 골프장에서는 천재가 태어났다고 영광스럽게 꽃다발까지 걸어

주었다. 4개월 만에 싱글을 쳤다고 이구동성으로 축하해주었고 너무 대단한 일이라며 소문이 꼬리에 꼬리를 물고 퍼져나갔다.

그런데 이것은 시작에 불과했다. 계속 연습하면서 필드에 나갔는데 나의 실력은 나날이 좋아지고 새로운 기록이 거의 매일 나왔다. 이글에 파4 1온에 롱거리 316m 등 기념패 8개를 순식간에 손에 넣었다. 골프가 이렇게 쉽고 재미있는 운동인 줄 처음 알았다. 점점 골프의 재미에 푹 빠졌다. 나는 하룻

홀인원 트로피

강아지 범 무서운 줄 모르고 날 뛰기 시작했다. 이 세상이 얼마나 넓고 넓은데 고작 화도(마석)라는 이 작은 동네에서 잘한다는 게 무슨 의미겠는가. 그러나 나는 자랑이라기보다 내 인생에서 새로운 기쁨을 만난 것만으로도 충분히 만족했다. 잘해서 우쭐하기보다 새로운 세계를 만나서 너무 좋은 것이다. 그리고 가슴 한편에는 여전히 이

골프라는 운동이 가난하게 살았던 그 아이에게는 과분한 운동이라는 것을 떨쳐낼 수가 없었다. 그리고 사업이든 운동이든 최선을 다하면 좋은 결과를 얻을 수 있음을 알게 되었다.

나는 골프를 치면서 상대방의 마음 읽는 법을 알게 되었다. 그래서 함께 골프를 하는 사람들에게 골프 옷을 베풀며 나눔을 실천했다. 물론 단체팀까지는 그렇게 할 수 없었다. 그러나 나중에 그 액수가 커져서 돈이 몇억 들어갔지만 골프 동반자들의 마음을 너무 잘 알기에 오히려 남몰래 환한 웃음을 짓기도 했다. 나는 한 20여 분에게 비록 보잘 것 없지만 골프 대접을 했고 나도 대접을 받았다. 사람들은 처음 받아보는 환대에 몸둘 바를 몰랐다. 나는 내게 온 모든 은혜와 선물을 나중에 100배, 1,000배 갚아야겠다는 본연의 마음을 잊지 않으려 했다. 나는 골프를 시작한 지 2년 만에 화도(마석) 골프회 회장으로 추대되었다. 그 아이는 태어나서 처음으로 단체 회장을 맡게 된 것이다. 회장을 맡으면서 2천만 원과 옷, 꾸지뽕을 선물했다. 나는 후일 땅을 팔아서라도 조금 과할 정도로 내가 회장을 맡은 이 단체 모임을 대한민국 최고로 만들고 싶었다. 그래서 나의 임기 3년이라는 시간을 최선을 다한다는 생각으로 임했다. 그래서 그 첫걸음으로 1억을 먼저 기부할 것이다. 나는 내 일을 늘 최고로 만들려고 노력했듯이 내가 맡은 이 단체를 대한민국 최고로 만들 것이다.

  내가 마석 골프회 회장에서 취임하면서 했던 공약은 다음과 같다,
  1. 홀인원 - 금 1량+트로피와 부상+옷 1벌
  2. 이글- 금+행운의 열쇠
  앞으로 우리 회원님들이 1, 2번을 많이 움켜쥐어 나의 사비가 더 많이 들어갈 수 있도록 해 달라고 호소했다.

전원주택 그다음은
아파트 사업이 목표다

"남양주 화도읍 가곡리에 웨이크힐 건설"

내 인생 최고의 역작 중의 하나가 TV 방송에 나왔다. 남양주에서 가장 성공적으로 분양한 단지로 인정받아 〈구해줘홈즈〉라는 TV 프로그램의 174회에 방영이 되었다. 환갑이 지나면서 내 사업도 점점 매듭을 지어 가는 듯하다. 아들과 함께 전원주택 사업을 시작할 때는 두려움도 조금 있었지만 점점 내 시공 실력을 인정받아 분양에 성공하니 더 큰 사업의

웨이크힐 타운하우스 전경

세계에 대한 자신감도 생긴다.

전원주택을 크게 성공시켰으니 이제는 아파트 사업을 할 차례이다. 나는 남양주시에 적당한 사업 부지를 찾아서 대단지 아파트를 꼭 건설할 것이다. 그게 나에게 남아 있는 꿈이자 욕심이다. 그 꿈이 달성되면 나는 어려운 이들에게 내가 이룬 것을 나누고 가족들과 함께 따뜻한 여생을 보낼 것이다. 나는 남양주시의 각 단체들에도 나름의 역할을 하고 있다. 남양주시에 공식적으로 1억을 기부한 것도 나의 역할을 넓혀가는 작은 움직임이라고 할 수 있다.

언제나 세상은 늘 살기 힘들었지만 2023년 현재는 더더욱 힘든 것 같다. 코로나의 큰 산을 겨우 건너왔더니 러시아 우크라이나 전쟁의 여파가 밀려들고 폭염과 폭우의 이상 날씨로 사람들이 자꾸 죽는다. 경제는 추락하고 금값은 너무 많이 올랐다. 이런 때일수록 독거노인이나 불우이웃돕기에 더 힘을 내야 한다. 나는 어릴 적부터 돈이 많으면 꼭 나눌 생각을 했다. 그래서 2023년에 공식적으로 5억을 내기로 선언하고 먼저 1억을 남양주시에 선뜻 기부했다. 당연히 내가 할 일을 했을 뿐인데 마석 시내 곳곳에 벌써 이 사실을 알고 많은 사람이 감사의 현수막을 걸었다. 한편으로 뿌듯하고 내가 이렇게 기부를 할 정도로 돈을 벌었다고 생각하니 스스로 대견하다는 생각이 든다. 이런 삶의 기적을 만든 것은 어떤 상황에서도 굽히지 않는 축적된 내 인생의 에너지 덕분이라 생각한다.

나는 이런 기부와 나눔을 하면서 또 다른 쓸쓸함을 맛보기

도 했다. 나에게 돈이 있다는 것을 알고 이걸 역이용해서 몇 백만 원을 빌려달라고 목을 매는 사람도 있었다. 그걸 안 해주면 또 욕을 하고 다닌다. 시골에서는 고맙고 대단하다는 생각보다 전체적으로 시기하는 사람이 더 많은 것 같다. 나는 그게 참 안타깝다. 다들 겉만 어른이고 어린 애 같다는 생각이 많이 든다. 돈 앞에서는 사람들이 다 바뀐다는 걸 참 가슴 아프게 느끼고 있다. 나는 지금 엄청나게 많은 돈을 갖고 있지만, 그 이전에 주머니에 천 원짜리 한 장도 없을 때가 있던 사람이다. 돈이 나, 김재문을 만든 게 아니라 내 의지, 내 에너지, 내 삶에 임하는 자세가 나를 만들었다. 살아남기 위해 악착같이 살았고 먹는 거, 입는 거 아끼며 살았다. 지금도 그게 습관이 되어 옷도 제대로 없다고 몇 번이나 말씀드렸다. 나는 없는 아픔을 잘 알아서 나

누려는 것인데 이걸 왜 시기하는가. 지금 나에게 몇백, 몇천만 원을 빌려달라는 사람들은 정말 가난하고 힘없고 도움이 필요한 사람들에 비하면 몇백 배는 처지가 좋은 사람이다. 자신들의 지금 상황에서 조금 더 노력하면 나 같은 자리에 올라설 수도 있다. 그런데도 나에게 돈을 빌려달라고 한다. 그건 아니다. 나는 돈을 빌려준다면 받지 않는 사람이다. 그냥 주는 게 낫다. 그러나 빌려주고 주는 일을 아예 기부로 돌렸기 때문에 이제는 그 일에만 집중하면 살려고 한다. 그게 내 나머지 인생의 방향성이라고 보면 된다.

하늘에서 내려다 본 웨이크힐

10년 이상
계곡에서 능이백숙을 베풀다

나는 평소에도 나누고 베푸는 걸 많이 했다. 그중의 하나가 계곡에서 베푼 능이백숙이다. 지난 10여 년 동안 나의 친목 단체들과 지인, 동생들을 남양주 작은 계곡으로 불러 닭을 잡고 물놀이를 즐겼다. 동네 형님에게 부탁해 꽤 많은 양의 닭을 잡았다. 하루에 그렇게 백숙으로 요리해 사람들에게 대접했다. 여름 복날에는 백숙이 최고 보양식 중 하나다. 나는 남들에게 베푸는 게 좋아서 그 일을 10년 넘게 했다. 그동안 베풀었던 것을 추산해 보니 대략 닭 몇만 마리는 되는 것 같다. 문제는 물놀이를 즐기고 술에 취해서 다들 물러간 그다음이다. 그들이 먹고 간 뒷자리의 설거지를 하는 게 보통 일이 아니었다. 미끈거리고 끈적거리기 때문에 뜨겁게 물을 뿌려서 식기를 세척하곤 했다.

사람들을 대접하려면 그냥 고기만 필요한 게 아니다. 고기를 먹으면서 필요한 고추장, 된장도 꽤 많이 나간다. 인원이 많으니 소비량도 엄청나서 조상 대대로 내려오던 고추장, 된장 항아리도 동이 나서 가까이 사시는 처형댁 고추장 된장까지 조달했는데 그조차도 다 떨어졌다. 어느 날 아내 어묘숙이 저녁을 먹으면서 내게 조심스럽게 말을 꺼낸다.

"민수 아빠, 이제 계곡 행사 그만하는 게 어때요?"

나는 베푸는 마음이 여전히 남아 있어서

나의 베풂의 장소인 남양주 전용 계곡

계속하고 싶었다. 그래서 아내의 그 말을 쉽게 받아들일 수가 없었다. 참으로 힘든 고민의 시간이 내게 주어졌다. 그리고는 아내의 말을 받아들이기로 했다. 어차피 양념장도 없고 여건상 더 이상 할 수 없었다.

시간이 흘러 일단 그 행사를 중단했는데 사람들은 계속 습관에 젖어 있을 수밖에 없다. 다음에 여름 계곡을 빌려 달라, 닭 잡아 달라고 하고 어디에 있느냐며 한 해 여름을 보내는데 300여 통의 전화가 왔다. 그 전화를 일일이 받으며 나는 다른 계곡에서 즐기신다면 제가 음식 비용을 지급하겠다고 했다. 그렇게 해서 그것도 한 네다섯 번 지급했다. 나는 그렇게 아낌없이 베풀며 살았다. 그리고 하나 더 얘기하고 싶은 것은 그렇게 나누고 베푸는 것을 어떤 이득을 바라보며 하지 않았다. 그냥 베풀었다. 계산하지 않았다. 그냥 줬다. 베푸는 것은 계산하면 안 된다. 계산하는 순간 그건 베푸는 게 아니다. 주려면 그냥 주어야 한다. 돌아올 것을 생각하지 말아야 한다. 그리고 그런 마음으로 베풀어야 자신에게 큰 복, 큰돈이 들어올 수 있다는 것을 우리 MZ 세대들이 명심했으면 좋겠다.

내가 사는 곳은 남양주의 독립운동가인
이석영 어른이 살던 곳

내가 지금 사는 남양주의 집터는 좌청룡 우백호의 명당터로 대문에서 바라보면 노적봉이 한눈에 들어온다. 이곳이 특별한 이유가 하나 있다. 남양주에서 가장 유명한 큰 인물인 독립운동가 이석영 어른이 살던 곳이 이곳이다. 그 사실을 나는 최근에야 TV나 언론을 통해 알게 되었다. 내가 사는 집터가 그런 큰 인물이 살던 곳이라니 감회가 새로웠다. 우연의 일치라고 하기에는 너무나 신기했다. 마치 모든 좋은 기운이

내가 사는 남양주 본가 전경. 하늘의 도움, 어머니의 기도가 없었다면
이런 멋진 집을 내가 어떻게 가질 수 있었겠는가

나에게 모여든 것 같다는 느낌이 들 정도였다.

　　1910년 8월 29일 조선이라는 나라를 일본에 강제로 빼앗기자 남양주 출신의 독립운동가인 이석영 선생은 형제와 일가족 60명과 함께 만주로 망명하여 신흥무관학교를 세우고 독립군을 양성한다. 남양주 출신 독립운동가인 이석영 선생의 경우 6형제인 이건영, 이석영, 이철영, 이회영, 이시영, 이호영이 모두 독립운동을 했으며, 1910년 당시 40만 원, 2023년 현재 기준으로 약 2조 원이 넘는 금액을 독립운동을 위해 사용했다. 감히 상상도 할 수 없는 단위이다. 그로 인해 선생의

이석영 선생 흉상(출처:경기관광누리집)

형제들은 나중에 추위와 배고픔에 시달리다가 아사하거나 병사했다고 한다.

나는 그런 귀한 인물이 사는 이 터에 신축 건물을 짓고 넓은 마당에 꾸지뽕밭을 일구었다. 내게는 이곳이 왕궁이었다. 이렇게 넓고 좋은 땅에 사는 것이 그렇게 좋을 수가 없었다. 삶의 여유도 찾고 편안함을 누리는 이 순간이 너무 행복하다. 조선 숙종 때 남구만이 지은 시조가 문득 생각이 난다.

동창이 밝았느냐 노고지리 우지진다.
소 치는 아이는 상기 아니 일었느냐.
재 너머 사래 긴 밭을 언제 갈려 하나니.

이 시조가 마치 나에게 하는 시조 같아 보일 정도로 마음에 행복이 차오른다. 나는 아들 김민수와 함께 웨이크힐 3차 단독 및 타운하우스를 계속해서 건설해 나갔다. 지금까지 해 온 것처럼 새벽 4시 50분에 일어나 토목공사 건축 건설에 눈코 뜰 새 없이 최선을 다해서 큰 사고 없이 준공에 이르렀다.

최근 5~6년 사이에 내게는 참 많은 일이 일어났다. 첫 번째는 2017년 아들 김민수가 결혼해서 이듬해 김동욱 손주를 얻었다.

두 번째는 위에서 말씀드렸듯이 큰 땅을 구입하게 되는데 만만치 않았다. 그 땅에 내 꿈을 하나씩 실현해 나갔다. 약 2만 평 정도 되는 계획 관리 지역을 모아놓고 현금과 대출금으로 구입했다. 그리고 이제는 명실상부한 남양주 최고의 부자가 되었다. 나는 이 토지를 매입하기 전에 정말 특별한 꿈 하나를 꾸게 된다. 그 이야기를 한번 들어보시기를 바란다.

손자 동욱과 즐거운 한때

폭포 밑으로 떨어져서
쌍무지개를 보았던 그 꿈

조금 특이한 꿈을 꾸었다. 꿈속에 큰강 옆에 서 있는데 앞에는 수평선 끝이 안 보일 정도로 펼쳐져 있었다. 뒤쪽에는 나지막한 산과 작은 집을 짓기 위해 포크레인을 동원해 기초를 직사각형으로 파놓았다. 그런데 다음 날 아침 일찍 가서 콘크리트 타설을 하려고 하니 얼음이 두껍게 얼어 있었다.

편한 마음으로 돌아와 다음 날 아침 현장에 또 나갔는데, 웬

걸 이번에는 더 두껍게 기소가 얼어버린 것이었다. 그런데 그 때부터 엄청난 일이 일어났다. 그 아이는 집터 가운데 서 있었고, 뚝뚝하는 소리와 함께 얼음이 깨져 어마무시한 강 속으로 이동하는 것이었다. 나는 뛰어내리려고 얼음 끝으로 달려갔으나 이미 얼음물은 많이 떠내려간 상태였다. 겁이 나서 얼음 가운데 앉아 있는데 넓고 넓은 강물이 검푸르게 보이면서 너무 무서운 생각이 들었다. 한참을 얼음을 타고 내려가다 보니 시야에 보이는 것은 낭떠러지 같은 폭포였다.

그런데 그 순간 갑자기 그렇게 무섭고 겁났던 것은 모두 사라지고 천사가 된 기분이었다. 낭떠러지는 점점 다가오고 나는 벌떡 일어나 자신 있게 폭포 주변으로 뛰어내렸다. 그냥 가벼운 마음으로 다이빙을 하듯 떨어졌다. 폭포 밑 내가 떨어진 그곳에는 옛날 여행에서 보았던 나이아가라 쌍무지개가 떠 있었다. 너무 신기한 풍경이었다. 말로 표현하기 힘들 정도로 환상적이었다. 하늘이 내게 행운의 신호를 보내주는 것 같았다.

나는 그렇게 쌍무지개를 두 번 보았다. 현실에서 한번, 꿈에서 한번. 이걸 우연이라고 하기에는 묘한 감정이 든다. 그 쌍무지개가 나를 부자로 이끈 힘이 아닐까 하는 생각도 든다. 내게는 이렇게 미스터리하고 신기한 일들이 참 많았다.

가곡리 전원마을의 시원한 풍경

남양주시를 슈퍼 성장으로 이끈
주광덕 시장님을 형님으로 모시며

나는 남양주시 화도읍 가곡리에서 태어나고 자랐다. 앞에서 이야기했듯이 천마산을 내 집 뒷동산처럼 오르락내리락하며 살았다. 남양주시에 살다 보니 남양주시의 국회의원이나 시장과 어떻게든 연결될 수밖에 없다. 현 남양주시 시장님인 주광덕 시장님과도 자연스럽게 연결되어 알게 되었다.

이분은 국회의원을 두 번 역임하시고 100만 명의 거대한 도

아너소사이어티 15번째 기부자가 되어
주광덕 시장님과 포즈를 취하다

시로 남양주시의 슈퍼 성장을 이끈 분이다. 동네 형님처럼 격
의 없이 사람을 대하는 참 따뜻한 분이다. 시정을 운영하는
것도 그런 따뜻한 마음으로 남양주 시 이곳저곳을 살피고 도
움이 필요한 사람들을 수시로 만난다. 나는 지금까지 살면서
이런 시장님을 그 어디서도 만난 적이 없다.

주광덕 시장님은 순한 외모와는 달리 순탄하지 않은 삶을 살아왔다. 국회의원 선거에도 몇 번 낙선하고 18대 때 처음으로 국회에 입성했으며 이후 19대 때에도 낙선의 아픔을 겪고 20대 때 다시 당선된 2선의 국회의원이다. 음주운전 사망사고를 살인과 같은 형량으로 처벌하자는 법안을 과감하게 발의한 분이기도 하다. 정치인치고 악플이 별로 없는 분으로도 유명하다. 그만큼 인간적으로 인정받는 분이다.

주 시장님은 제8회 전국동시지방선거에서 경기도지사 출마를 고심하다가 남양주 시장 후보로 출마하였는데 국회의원 때보다 여유있게 당선되어 2022년 7월부터 남양주 시장으로 높은 성과를 만들어내고 있다. 퇴계원로 완전 확장도 주광덕 형님이 해낸 일 중에 하나다. 주광덕 형님은 아주 어릴 때 아버지를 여의어 어머니 밑에서 홀로 자랐다. 퇴계원 중학교, 고려대학교 법학과를 나왔다. 사법연수원 23기로 검사로 근무하다가 98년부터 의정부시에서 변호사 생활을 하면서 억울한 사람들의 일을 앞장서 해결해 주었다.

나는 이분이 시장이 되기 전부터 알고 있었다. 나름 정치 거목으로 성장하셨지만 참 소탈하셔서 나를 더 감동시켰다. 이런 귀한 분과 인연을 맺게 해준 것도 칠성신이 도와준 것 아닌가 싶다. 그리고 그 칠성신을 움직인 사람은 바로 우리 어머니 아니었을까. 정화수를 뜨고 늘 아들 잘되기만을 기도했던 어머니의 정성이 큰 역할을 했을 것이다. 나는 어머니의 그 기도 덕에 내 주변에는 주광덕 시장님이나 강병선 회장님처럼 내가 만나기 힘든 사람들이 인연으로 연결되어 있다. 그게 너무 감사한 일이라 생각한다.

2020년 강병선 회장님의
제빵소 덤 개업을 축하하면서

내가 만나는 분 중에 나와 전혀 다른 삶을 사는 분이 한 분 계신다. 그분이 바로 강병선 회장님이시다. 이분도 남양주 출신이다. 남양주 화도가 고향이신 분인데 2020년에 경춘선 청평댐 밑에 제빵소 〈덤〉을 개업하셨다. 나는 그해 봄에 북한강의 감성을 가슴에 안고 내 인생의 덤과 같은 분인 강 회장님의 개업을 축하하러 갔다. 참 전망도 좋고 인테리어도 아름다운 가게였다. 마치 주인장의 멋을 그대로 닮은 가게였다.

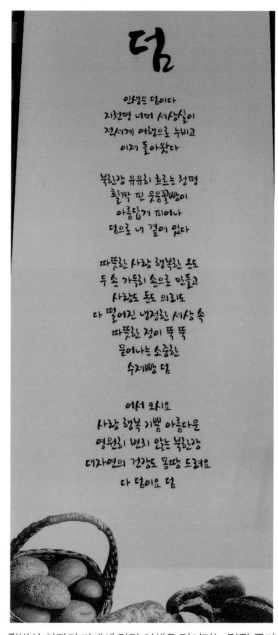

덤

인생은 덤이다
지천명 너머 세상살이
전세계 여행으로 누비고
이제 돌아왔다

북한강 유유히 흐르는 청평
활짝 핀 웃음꽃빵이
아름답게 피어나
덤으로 내 곁에 있다

따뜻한 사랑 행복한 온도
두 손 가득히 손으로 만들고
사랑도 돈도 의리도
다 떨어진 냉정한 세상 속
따뜻한 정이 뚝 뚝
묻어나는 소중한
수제빵 덤

어서 오시요
사랑 행복 기쁨 아름다운
영원히 변치 않는 북한강
대자연의 건강도 몽땅 드려요
다 덤이요 덤

강병선 회장의 카페에 걸린 인생은 덤이라는 멋진 글귀

북한강의 물, 안개와 어우러지면 한 폭의 수채화 같은 그림을 만들어낸다.

나는 그곳의 벽에 걸린 "덤"이라는 글귀를 보고 감명을 받았다. 그리고 그 글귀가 강 회장님의 인생을 대변한다는 걸 알았다. 강 회장님은 인생의 참맛을 두루 맛보신 분이라는 걸 그 글귀를 보고 알 수 있었다. 나는 이분을 점점 알아 가면서 깜짝 놀랄 일이 한 두 가지가 아니었다. 정말 내가 경험하지 못한 세상을 보여주었다. 함께 골프도 치면서 그 흥미진진한 이야기를 들었고 들으면 들을수록 더 빠져들었다.

빵집은 어떻게 차리게 되었을까? 워낙 여행을 좋아하는 형님이라 5년 전 어느 날에도 동유럽을 여행하고 있었다고 한다. 그런데 그곳에서 우연히 한 빵집을 들렀는데 그 빵을 먹은 후 빵의 매력에 푹 빠졌다고 한다. 그래서 늦은 나이에도 제과 제빵 자격증도 취득하고 일본 유학까지 다녀왔다. 나는 강 회장의 그런 열정을 보고 또 한 수 배운다. 강 회장님은 나와는 조금 다른 스타일의 나눔을 실천한다. 매장 앞을 지나는 쓰레기 분리수거 기사 분들에게도 빵을 포장해 주는 참 따뜻한 형님이다. 코로나19 이전에는 남양주 지역 홀몸 노인들에게 본인이 운영하는 해물찜 식당에서 음식도 대접하고 빵도 포장해 드렸다. 내 주변에는 이렇게 마음 고운 사람이 참 많다. 나는 이것도 복이라 생각한다.

강 회장님은 내가 상상도 못 하고 엄두도 못 낼 전 세계 60여 개국 여행을 다녀오셨다. 말로만 듣던 크루즈 여행의 경우도 전 세계에 있는 모든 배를 다 타보았다고 한다. 너무 여행을 많이 다니셔서 가지고 있던 여권 4권이 모자랄 정도였다고 한다. 나는 휴가 한번 제대로 가보지 못한 사람인데 그 이야기를 들으니 그저 놀랍고 부러울 따름이었다.

강 회장님은 남양주시의 '명예의 전당'에 오른 기부자이고 1억 원 이상 기부자에게만 붙이는 '아너스소사이어티' 기부자 16번에 등재되기도 하셨다. (나, 김재문은 15번 등재자다) 또한 공적 조사에도 30여 차례나 되는 엄청난 나눔을 하신 분이다. 나와 태생부터 결이 다른 분이지만 나눔을 실천하는 것은 같은 모습으로 살아가고 있다. 강 회장님을 만나면서 세상에는 나와 다른 삶을 사는 분들이 참 많다는 걸 알게 되었다. 강 회장님의 이야기는 들을 때마다 모든 것이 새롭고 신기했다. 나는 이런 분들을 만나는 게 그렇게 좋을 수 없다. 내가 모르는 다른 세계를 배울 수 있기 때문이다. 이런 분을 내게 보내주신 것도 다 천지신명의 도움이라 생각한다. 앞으로도 강병선 회장님을 존중하고 존경하며 함께 인연을 이어가고 싶다.

남양주시 아너 소사이어티 16호 기부자 강병선 회장 (나는 15호)

나눔의 숲 기부석에 서 있는 강병선 회장. 내 이름도 보인다.

Ch.4

환갑을 넘기며
이제 다음 인생을 준비한다

밑바닥에서 맨몸으로 여기까지 올라왔다.

무에서 유를 창조하며 성장했고

아내를 잘 만나 자식 농사까지 멋지게 지었다.

이제 내 다음 목표는 아파트 사업이고

이 책이 세상에 알려지는 것이다.

아파트 사업과 책을 통해 번 수익은

세상에 기부할 것이다.

그게 내가 할 마지막 미션이 될 것이다.

| 닭 머리만 드셨던 아버지를 생각하며
| 내가 비행기 타서 죽으면 3억을 우리 아들에게 줄 수 있는데
| 어머니를 아버지 옆에 모시다
| 산소에서 잠이 들었다가 비를 맞으며 도망나왔던 그 어두운 밤
| 처가댁 7남매와의 우애 있는 교감
| 우리 가족과 같이 살아간다는 게 이렇게 좋구나
| 내 아내가 자식 농사를 이렇게 잘 지었구나
| 무에서 유를 창조한 그 아이는 어느덧 환갑을 넘겼다
| 부자가 아니어도 부자처럼 나누고 치열하게 살면 부자 된다
| 딸의 결혼을 앞두고 아빠의 마음을 담아 편지를 쓰다
| 나는 돈이 많아도 지금의 인생을 다시 살고 싶지는 않다

닭 머리만 드셨던
아버지를 생각하며

내가 결혼하기 전이었던 것 같다. 한 80년대 즈음으로 기억한다. 가난했던 우리 집은 아버지, 어머니, 누나 두 명과 나, 남동생 6명이어서 정말 감지덕지한 외식을 했다. 부모님은 나름 다복한 가정을 꾸렸지만 먹고 살기가 참 어려워 외식이라고는 꿈도 꿀 수 없었다. 그런데 그 꿈이 현실로 이루어진 날이었다.

시골 마을에 해가 지고 저녁 굴뚝에 연기가 모락모락 피어

오른다. 풍경만 보면 참 그림 같지만 그 속은 그 속에서 살아본 사람만이 아는 아픔이 있다. 그래도 그날은 온 가족이 참 들뜬 날이었다. 우리 식구들은 숫닭 한 마리를 잡아 저녁을 먹었다. 비록 외식은 아니지만 우리가 닭고기를 먹는다니 하는 신기한 생각이 드는 저녁이었다. 우리는 밥상에 둘러앉아 닭도리탕을 먹었다. 난생처음 먹는 닭도리탕이었다.

나는 무조건 닭 다리를 잡아 들고 먹기 시작했다. 다른 식구들은 아랑곳하지 않고 허겁지겁 먹기 시작했다. 그때 아버지께서 이런 말씀을 하신다.

"나는 많이 먹었으니 너희들이나 더 먹어라."

그 말씀을 듣고 우리는 순진하게 그리고 더 급하게 배를 채웠다. 그런데 아버지의 그릇에는 벼슬이 있는 닭 머리만 있었다. 닭 머리가 무슨 고기인가. 철없는 그 아이는 아버지가 그 닭 머리 고기를 좋아한다고 착각했다. 몰라도 너무 몰랐다. 자식들을 생각하는 아버지의 그 마음을 너무나 몰랐다. 지금 와서 그 풍경이 떠오르니 너무 부끄럽고 창피했다. 철없는 내 그때 모습이 너무나 어처구니없어 보였다.

내가 비행기 타서 죽으면
3억을 우리 아들에게 줄 수 있는데

어머니는 집에서 늘 정한수를 떠 놓고 칠성님에게 빌었다. 우리 집 뒤에 보면 조그맣게 짚으로 엮은 동그란 단이 있는데 어머니는 그곳에서 지극 정성으로 불공을 드렸다. 무엇을 위해서 빌었을까? 오직 자식 잘되기 위해서 빌었다. 우리 아들 김재문이 잘 되기만을 빌고 또 빌었다. 어릴 때는 그 모습을 스쳐 지나갔지만 돌아서 생각하니 자신은 버리고 오로지 자식들을 위해 온 마음을 쏟았던 어머니였다는 생각에 눈시울이 붉어진다.

어머니는 7월 칠석날에 뭐라도 해 먹어야 하는데 가난한 시골 살림이어서 요리할만한 게 거의 없었다. 그냥 밀가루로 부침개 정도 혹은 감자 몇 개, 어떨 때는 고구마 몇 개 쪄서 내놓는 게 전부였다. 우리는 그것만이라도 감지덕지였다. 먹을 게 워낙 없던 시절이라 찐 감자, 찐 고구마는 최고의 음식이었다. 고기는 구경할 수도 없던 시절이었다. 그런데 가끔 동네에서 돼지를 잡을 때가 있다. 그럴 때는 고기 한 조각이라도 얻어먹을 수 있어서 너무 행복했다. 돼지가 공짜는 아니었다. 돼지를 잡으면 1인당 분량을 나누어 이듬해 봄에 곡식을 내준다든가 일을 대신해주거나 삯을 까야 했다. 그렇게 해서라도 고기를 먹었는데 그것도 평생 한 번뿐이었다.

마을에서 어느 집이 부침개를 하면 어떤 집은 감자 3개를 내놓곤 했다. 나는 어머니가 챙겨주신 감자나 고구마, 혹은 부침개 등을 쟁반에 담아서 이웃집에 전달하는 심부름을 한 기억이 난다. 내 기억으로는 고구마 2개, 옥수수 1개 정도였던 것 같다. 그렇게 보잘것없는 양이지만 우리는 그렇게라도 이웃과 나누었다. 나름 따뜻한 마음이 살아 있고 마을의 미풍양

속을 지켜갔던 아름다운 시절이었다. 내 기억으로는 이웃 간의 정도 꽤 깊었다. 누가 누구 집 자식인지 서로 잘 알았고 그 자식들을 내 자식처럼 챙겨주고는 했다.

어머니에 관한 이야기 중 이 이야기는 좀 창피한 이야기지만 솔직하게 책에 털어놓는다. 우리 어머니, 아버지는 글을 배운 적이 없다. 세상 돌아가는 이야기는 그저 흑백 TV에서 나오는 뉴스나 드라마로 더듬더듬 알아 갈 뿐이다. 귀로 말을 들을 수 있지만 손으로 글을 쓸 수는 없었다. 어머니, 아버지 두 분 다 초등학교를 가본 적이 없다. 소위 말해 낫 놓고 기역 자도 모르는 분들이셨다. 그러다 보니 고지서가 와도 글씨를 읽을 수 없었다. 참 가슴 아프고 슬픈 이야기다. 나는 그런 부모님 모습을 보면서 공부가 너무 간절했던 것 같다. 그랬기에 독학으로 한문 공부도 했고, 부모님처럼 살기 싫어서 독하게 고시 공부까지 했던 것 같다.

어머니에 대한 기억 중에 잊히지 않는 게 있다. 30년 전 김현희의 KAL기 폭파 사고가 있을 때였다. 뉴스에서는 그 비행기에 타고 있던 사람이 사망했을 경우 1인당 3억을 준다고 얘기하고 있었다. 그 뉴스를 보던 어머니는 지나가는 말로 이렇게 말씀하신다.

"나도 그 비행기 좀 한번 태워줘라."

비행기 한번 타본 적 없는 어머니가 진짜로 비행기를 타고 싶어서 그런 줄 알았는데 뉴스에서 나온 3억을 보니 그게 아니었다. 어머니는 자기가 비행기 타고 죽어서 3억이 나오면 아들에게 주겠다고 얘기하신다.

"내 장례비는 최소로 쓰고 나머지는 재문이 네가 써"

나는 살면서 어머니의 저 말씀을 귀가 따갑도록 들었다. 아들이 그 돈을 써야 마음이 편하고 아들이 부자가 되어서 살기를 바라셨던 것이다. 그런데 어머니는…아들이 부자가 된 모습을 단 한 번도 보지 못하고 가셨다. 어머니는 그런 말도 안 되는 소원을 자주 얘기하셨지만 안타깝게도 평생 비행기 한 번 못 타보고 돌아가셨다. 제주도라도 모셨으면 좋았을 텐데 꿈도 못 꾸었다. 정말 나 자신에게 화가 나는 일이다. 예전에 버스를 타고 서울을 서너 번 다녀오신 게 외출의 전부다. 돈이 너무 없었으니 자신의 목숨을 희생해서라도 자식이 잘 살게 하고 싶었던 것이다.

이제 어머니가 돌아가신 지 8년 정도 된다. 어머니는 제대로 된 종교를 갖고 있지 않았지만 천지신명에 대한 순수한 믿음과 기도는 그 누구보다 강하셨다. 종교는 없지만 우리 가족 잘 되게 해달라고, 우리 아들 잘살게 해달라고 칠성님께 빌고 또 빌었다. 굳이 종교를 구분한다면 불교 쪽과 가깝겠지만 그런 구분이 무슨 의미가 있겠는가. 나는 가끔 답답한 마음을 풀기 위해 보광사에 가서 절을 하곤 했는데 그때마다 어머니가 나타나셔서 자식의 운을 풀어주시겠다고 하셨다. 보통은 돌아가시면 자식하고 연을 끊게 되는데 우리 어머니는 돌아가셔도 자식 생각만 하시는 것 같다. 어머니는 그렇게 돌아가셔도 나 김재문을 편안하게 살게 해주시려고 한다.

다른 분은 몰라도 어머니가 돌아가셨을 때 누워 계신 모습을 봤는데 그게 그렇게 편안하고 좋아 보였다. 보통은 무섭고 슬프고 뭔가 답답하고 우울할 텐데 어머니는 자식들이 자기 모습을 보고 편하게 생각하라고 그런 모습을 보여주신 것 아닌가 싶다. 정말 살아계실 때도 그렇고 돌아가

실 때도 그렇고 오직 자식 생각만 하며 가신 분이다. 그래
서 나는 어머니 생각만 하면 금방 울음이 터져 나올 것 같다.

어머니를 **아버지 옆에 모시다**

병원 소식을 들었다. 아, 우리 어머니가….나는 일하던 장갑을 벗어 놓고 허둥지둥 급하게 병원으로 갔다. 담당 의사가 위독하니 가족 모두에게 연락하고 했다. '올 것이 왔구나' 생각했다. 나는 어머님과의 마지막을 직감했다. 마음이 진정되지 않았다. 무슨 일을 어떻게 해야 할지 모를 정도였다. 가족들에게 연락했다. 한두 명씩 병원으로 왔는데 어머니는 더는 견디지 못하고 숨을 거두셨다.

나는 지금까지 살면서 상 치르는 일에 한반도 빠진 적이 없다. 가족 친척 장례든 친구 장례든 마찬가지다. 아는 분이 돌아가시면 반드시 참석해 상주를 위로하고 함께 밤을 새웠다. 그리고 다음 날 아침 상여를 메고 산소까지도 같이 올라갔다. 달구지를 끌며 같이 힘을 보탰다. 어린 나이 때부터 그런 걸 하나씩 배웠고 어르신들과 세대 교체되는 이 시점까지도 그걸 지키며 살고 있다. 아픔이 있는 사람에게는 그렇게 해야

어머니 모시는 상여 모습

한다고 생각했다. 그래서 내 일처럼 모든 걸 처리했다. 그냥 내가 해야 할 일을 했을 뿐인데 동네 어르신들은 내게 칭찬을 쏟아부으신다. 부끄럽다. 칭찬받을 일이 아니다. 그냥 인간이라면 해야 할 일이다.

우리는 어머니를 동네 산모퉁이 아버지가 계신 곳 옆에 모셨다. 이때도 역시 많은 동네 분들이 와서 도와주시고 가는 길을 배웅했다. 나는 어머니에게서 참 많은 걸 배웠다. 어머니의 솔선수범하는 모습은 지금도 기억에 선명하다. 나는 어머니의 삶을 그 무엇과도 바꿀 수 없는 이 시대의 최고 자랑이자 자부심이라 생각한다. 어머니가 없었다면 지금의 내가 있었을까. 나는 평생 고생만 하신 어머니를 잘 모셨다. 후회 없이 상을 잘 치렀다. 그리고 어머니에 대한 감사의 마음으로 이 책을 어머니 영전에 바친다. 어머니에게 큰소리로 한마디 외치고 싶다.

"어머니, 너무너무 사랑합니다. 부디 편하게 잘 계세요."

산소에서 잠이 들었다가
비를 맞으며 도망나왔던 그 어두운 밤

나는 살면서 좋은 기억보다 아픈 기억이 많다. 지금 이야기하는 것도 참 무서운 기억 중의 하나다. 몇 년 전이었던 것 같다. 더위가 기승을 부리는 6월 어느 날 동네 이웃 아저씨가 돌아가셨다. 그분은 평소에도 친분이 좀 있었고 법 없이도 살아가실 좋은 어르신이었다. 그 어르신은 연세가 드셔 돌아가셨다. 나는 2박 3일 상을 치르는 데 최선을 다했다. 그게 나의 임무라 생각했다. 늘 그렇지만 밤에는 고스톱을 치고 술을 마셨다. 그리고 아침에 상여를 메고 산소에 올랐다. 달구지를 끌고 올라갔다. 산소에 안장을 잘하고 술을 마셨다.

그때는 몸이 좀 피곤했던 것 같다. 나는 일행에게서 잠시 떨어져 나와 홀로 앉아 쉬었다. 일행과 한 40m 정도 떨어진 곳이었다. 쉬다가 나도 모르게 지쳐서 잠이 들었다. 뭔가 내 얼굴에 차가운 것이 닿는 느낌이었다. 눈을 들어보니 장사를 같이 지냈던 사람들은 전부 내려가고 보이지 않는다. 주변은 어둠이 깔려 있고 거기에 비까지 내리고 있었다. 산속 어두운 곳에서 비를 맞으며 혼자 있었다. 너무나 황당하고 무서웠다. 나는 빨리 마을로 내려가야 한다는 생각만 들었다. 그런데 마을로 가려면 반드시 산소 쪽을 통과해야 했다. 가슴이 엄청나게 뛰기 시작했다.

산소 앞에 비가 엄청나게 내렸다. 흙이 질퍽거려 발이 푹푹 빠졌다. 나는 흙을 껑충 뛰어서 빠져나오려고 했는데 그만 운동화 한 짝이 흙 속에 빠져 버렸다. 말 그대로 질퍽거리는 흙이 내 운동화를 잡아먹은 것이다. 허겁지겁 10m 정도 앞으로 달리다가 운동화 생각이 나서 다시 되돌아갔다. 땅속에 박힌

운동화를 빼는데 왜 이렇게 무서운지. 온몸에 소름이 돋을 정도였다. 빨리 이 순간을 벗어나고 싶었다. 나는 무서움을 달래기 위해서 소리를 막질렀다. 소리를 지르며 마을로 달렸다. 신발을 미처 신을 겨를이 없어서 그냥 손에 들고 냅다 뛰었다. 그렇게 한참을 뛰니 동네 불빛이 보였다. 그제야 안심을 할 수 있었다. 나에게는 이런 일들이 세 번 정도 더 있었다.

처가댁 7남매와의
우애 있는 교감

앞에서도 잠깐 언급했듯이 내 아내 어묘숙은 7남매다. 나름 대가족이다. 그리고 나는 내 인생의 가장 고마운 여인인 어묘숙과 함께 살면서 아들, 딸을 낳아 좋은 가정을 이루며 살고 있다. 아내는 아이들 키울 때 정말 좋은 역할을 했다. 아이들 교육에 최선을 다하고 뒷바라지하는 그 모습이 참 아름다웠다. 나는 가장이라는 큰 짐을 지고 그저 돈 많이 벌고 먹고 사는 것에만 집중하며 죽을힘을 다해 살았는데 돌아보니 가정에는 좀 소홀했던 것 같다. 아내는 물론 아이들과 함께하는 시간이 많아야 했는데 일에 집중하느라 그렇게 못 했다. 나는 그게 가족들에게 참 미안하다.

나는 아내의 처가댁 7남매와는 늘 교감을 갖고 지냈다. 그 귀한 가족의 이름을 하나씩 떠올려 본다. 어가 7형제 중에 제일 윗사람은 이미 작고하신 어장용이고 그 밑으로 큰 딸인 어분용, 둘째 아들 어진용, 첫째 딸 어명순, 셋째 아들 어호용, 둘

처가 식구들과 즐거운 한 컷

째 딸은 내 아내인 어묘숙, 셋째 딸은 처제인 어정숙 그리고 조카 어성자와 김보근이 처가댁의 사랑스러운 가족들이다. 나는 이들 처가 식구들에게 솔선수범해서 점수도 따고 멋진 사위 소리도 듣고 싶었다. 그걸 이루기 위해 두 가지 계획을 세웠다. 첫째는 명절 때 처가 식구들에게 선물과 용돈을 주는 것이다. 명절에는 처가 대가족이 모인다. 조카들까지 합하면 보통 50~60명 정도가 모인다. 어마어마한 것이다. 처가 식구들이 모이면 늘 북적거리고 정말 사람 사는 모습답다. 나는 처가댁 갈 때 다른 형제보다 선물 보따리를 더 많이 싸 들고 간다. 용돈도 두둑이 챙겨서 들뜨고 설레는 마음으로 간다.

보통 모이면 늦게까지 고스톱을 치곤 했다. 서로 덕담도 나누고 자정이 넘을 때까지 놀았다. 그렇게 놀다 보면 다들 배가 출출하기 마련이다. 그런데 제사상 차리느라 고단했던 아줌마에게 밥상 차려달라는 말을 할 수가 없었다. 나는 평소에 동네 경조사에 빠짐없이 참석했다. 어려서부터 동네잔치에 국수도 끓여 마을 사람들을 대접하곤 했다. 그 기본 실력으로 비빔국수를 손수 만들어 처가 식구들에게 드렸다. 다들 배가 고프셨는지 너무나 잘 드시고 맛있다고 극찬까지 하셨다. 그렇게 일을 덜어드리니 다들 만족하고 나도 마음이 뿌듯했다. 나는 이렇게 하는 것이 마음으로 가족과 함께하는 것이라 생각한다.

두 번째 방법으로 처가댁 일곱 형제, 조카들, 사돈, 팔촌까지 등산복 매장에서 매해 약 5년간 형제는 물론 조카들까지 계절별로 옷을 사들이기 시작했다. 지인들, 국가 공무원들, 친구들, 회사 복은 물론 동료들까지 10억 원어치를 베푸니 어느 누가 싫어하겠는가. 거액을 아낌없이 베풀었다. 내가 어렵게 살았기에 이들에게 어떤 것을 주면 좋아할지 잘 알았다. 내가 받고 싶은 선물, 내가 입고 싶은 옷을 선물하며 내 어릴 적 충족감을 대신했다. 그들이 좋으면 내가 더 좋았다. 개구리 올챙이 때의 초심으로 돌아가니 그들에게 무엇을 나누어야 하는지 보였다. 인간의 아름다움이란 이런 것이다. 함께 나누며 같이 가는 것이다. 나 혼자만 잘 살려고 아등바등하면 안 된다. 나는 인생 후반을 이렇게 가족들과 함께하는 삶을 살 것이다. 그동안 그렇게 못한 시간이 많아 앞으로는 아내, 아들딸, 우리 형제들, 처가 식구들을 더 챙기며 살 것이다. 그것이 진정 아름다운 인생 후반이라 생각한다.

이혁호 동서 환갑 기념으로 처가 식구들과 태국에 여행 갔을 때

우리 가족과 같이 살아간다는 게
이렇게 좋구나

어렵게 살았던 나는 가족의 소중함을 뼈저리게 느끼는 사람이다. 가난에서 탈출하기 위해 돈을 벌다 보니 가족을 소홀히 했던 지난날을 잠시 후회하기도 한다. 뭣도 모르고 뛰어놀던 어린 시절에 아버지와 어머니가 계신 것만으로도 내 삶은 아쉬울 게 없었다. 두 분이 무슨 고민, 무슨 아픔을 안고 사는지 알 길이 없는 나는 그저 가족의 품 안에서 하루하루를 사는 것 그 자체가 평화였다. 그러다가 가난을 느끼고 비교를 느끼고 부모님의 아픔을 느끼면서 혹독한 우리 삶이 우리 가족을 찢어 놓을 것 같다는 불길한 예감을 갖곤 했다. 그러나 늘 그렇듯 불길한 예감은 늘 그 예감대로 가는 법이다. 아버지가 돌아가시면서 집안은 힘들어졌고 그 집안의 아들딸들은 각자 자기 몫의 벌이를 하기 위해 찢어져야 했다.

가족이 한 곳에 웃고 즐기며 사는 모습이 그렇게 부러울 수 없었다. "즐거운 곳에서는 날 오라 하여도"라는 노래는 그런 행복을 갖지 못한 사람이 만든 부러움의 노래였다. 나의 어린 시절도 그런 부러움을 안고 살았다. 그러나 언젠가는 나도 그런 가족의 행복을 누릴 것이라는 자신은 있었다. 악착같이 돈을 벌면서도 그 행복을 꼭 이루려는 꿈은 가슴 깊이 간직하며 살았다. 내 아내 어묘숙과 결혼을 하면서 그 꿈은 조금씩 구체화하였다. 내가 결혼은 잘한 것 같다. 내 아내 쪽 형제는 7형제나 되었다. 아내 어묘숙부터 시작해서 처형인 어명순과 어분용, 어성자, 처제 어정숙, 동서 이혁호, 그리고 조카들...눈에 넣어도 아프지 않은 이 식구들이 참 사랑스럽고 좋다. 나는 하늘의 천복을 받아 이렇게 아름답고 멋진 가족에 승선할 수 있었다. 그게 내 인생의 최고 행복이라고 생각한다.

이 책을 쓰면서 마음을 가다듬어 그 사랑스러운 가족들에게 편지를 띄어본다. 내 진심을 담아 그들을 마음에 품어 본다. 사랑은 자주 표현하는 것이라고 하지 않는가.

너무나 사랑스러운 우리 처가 가족 여러분!
사랑스러운 처형과 처제, 든직한 동서 이혁호
그리고 너무 예쁜 조카들까지.
나 김재문이 여러분을 만난 것은
정말 하늘이 내려준 복이라 생각합니다.
여러분들처럼 멋진 가족과 함께한다는 것은
내 인생 최고의 행복입니다.

동지, 밤의 길이가 가장 긴 깊은 밤에 이 편지를 씁니다.
늘 믿고 신뢰해주시는 두 처형 어명순, 어분용님.
혹시 나로 인해 불편하거나 힘든 것은 없으셨는지요
늘 살피려고 애쓰고 있지만,
혹여나 놓치는 게 있을까 마음이 염려됩니다.

제가 부족하더라도 어여삐 여기시어

훗날 더 좋은 시간을 같이 가질 수 있는

넉넉하고 여유로운 마음을 가져주시기 바랍니다.

해 드리고 싶은 게 많은 사람입니다.

반드시 함께 더 행복하게 웃을 시간을 만들 것입니다.

코로나 등으로 뒤숭숭한 세월,

가족끼리 따뜻한 마음으로 섬기는 것이

가장 멋지다고 생각합니다.

가내 두루 평안하시고

출진 무적하시기를 마음속 깊이 빌어봅니다.

우리가 이렇게 가족으로 살아가는 것이

그렇게 좋을 수가 없습니다.

참 따뜻하고 아름다운 마음을 가진 분들과

가족이라는 게 너무 좋습니다.

그런 면에서 저는 지구상에 가장 행복한 사람이라고

생각합니다.

이건 제 마음을 다해 여러분에게 바치는 사랑입니다.

존경합니다. 감사합니다. 사랑합니다.

서로 챙기며 좋은 가족, 행복한 가정을 만들어 갈 것입니다.

진심으로 사랑합니다.

동두천 탑동 처가댁에 모인 처가 식구들, 조카들까지 모이니 대가족입니다.

내 아내가 자식 농사를
이렇게 잘 지었구나

정말 앞만 보고 눈코 뜰 새 없이 살아왔다. 죽음의 고비를 넘기며 오로지 먹고 사는 일, 돈 버는 일에만 최선을 다했다. 그렇게 내 힘으로 토지를 구입했고 그곳에 농사를 짓고 농원을 가꾸었다. 내가 직접 나무도 심어 보고 전지도 했다. 내 힘으로 뭔가를 가꾸어 간다는 게 그렇게 좋을 수가 없다. 옛날 속담에 밥 안 먹어도 배부르다는 얘기가 요즘의 내 경우가 아닌가 싶다. 세상에는 그냥 얻어지는 것은 없다. 내가 누리는 이 행복도 사실 나와 함께 했던 모든 이들의 힘이라는 걸 잘 안다. 그중에서도 내 아내 어묘숙의 공은 빠트릴 수가 없다. 내가 지칠 줄 모르는 에너지를 나의 일에 쏟아부을 수 있었던 것은 뒤에서 묵묵히 뒷바라지해 주는 내 아내 덕분이다. 이 책에 그 감사한 마음만큼은 분명하게 표현하고 싶다. 못난 남편이라 평소에는 잘 표현도 못 했지만 이 자리를 빌려 꼭 아내의 공로는 기억하고 싶다.

그리고 이 지구상에서 눈에 넣어도 아프지 않은 단 하나밖에 없는 내 딸 김민지가 홍익대학교에 수석합격을 했다. 나는 비록 배운 게 부족하지만 내 딸이 그렇게 멋지게 성장한 것이 마치 내가 합격한 것처럼 기쁘고 날아갈 것 같았다. 내 딸이 너무 자랑스럽고 대단했다. 그 기쁜 날 어떻게 가만히 있을 수 있겠는가. 온 가족이 딸의 수석합격을 축하하러 홍대 나들이를 갔다. 나는 일은 많

딸 김민지의 홍익대 졸업 모습

이 하고 돈은 많이 벌었지만 어디 행사 때 입고 나갈 옷이 많지 않다. 말 그대로 단벌 신사다. 딸을 축하해주기 위해 기분 좋은 마음으로 외출을 해야 하는데 변변하게 옷을 사 놓지도 못했다는 게 속상했다. 멋지게 차려입고 자신 있게 축하하러 가고 싶었다. 모처럼 서울 홍대 나들이를 하는데 많이 어색하고 촌스러웠다. 그래도 내 마음은 천하를 다 얻은 것처럼 너무너무 기뻤다.

사람들은 흔히 자식 농사가 참 힘들다고 한다. 그런데 나는 비록 내 힘은 아니지만 자식 농사를 잘 지었다. 너무 당당하고 멋지게 자란 우리 아들딸이 자랑스럽다. 그리고 이 녀석들을 이렇게 멋진 작품으로 혼을 다해 만들어 준 아내 역시 너무 자랑스럽다. 바깥일로 아이들과 시간도 같이 못 보낸 못난 지아비를 대신해 이렇게 자식 농사를 잘 지어놓다니 그저 감탄스러울 뿐이다. 이렇게 보면 나는 감사할 일, 감사할 사람이 너무 많다는 생각이다. 이 감사를 갚기 위해 내가 번 돈을 세상에 나누고 기부하려 하는 것이다. 내 자식들에게 조금 모자라게 정성을 쏟은 그것을 다른 아이들, 우리의 다음 대한민국을 이끌어 갈 MZ 세대들의 성장을 위해 쓰고 싶다.

무에서 유를 창조한 그 아이는
어느덧 환갑을 넘겼다

나는 그렇게 가난에서 벗어나기 위해 몸부림치다가 큰돈을 벌게 되었고 이제 어느덧 환갑을 맞게 되었다. 참 우여곡절이 많은 만만치 않은 인생이었다. 모든 고비를 넘고 이렇게 죽지 않고 환갑을 넘기니 인생 참 길다는 생각도 든다. 그 아이는 무에서 유를 창조하고 나름 많은 재산을 모으는 데 집중했지만 사람을 제대로 사귀지 못했다. 친구 몇 명 동생 몇 명도 손가락으로 꼽을 정도다. 사람도 많이 사귀지 못했고 남들이

내 딸 김민지양 결혼식 뒷풀이. 가곡리 본가 정원에서 손님 대접한 장면

그 아이는 기부천사가 되었다

다 간다는 여행도 못 가보았다. 딸이 그런 아빠의 인생을 보며 슬퍼한 적도 있었다. 나는 어떤 게 맛있는 음식인지 잘 모른다. 맛있는 음식을 제대로 먹어보지 못했기 때문이다. 그냥 남들이 잘 먹는 음식을 따라서 먹었을 뿐이다. 그렇게 가련하고 안쓰러운 그 아이가 이제 환갑을 넘긴 것이다.

지난 3년간 전 세계적으로 너무 많은 사람이 코로나19로 목숨을 잃었다. 수많은 가정이 파탄이 났고 한국에서는 평생 모은 돈으로 가게를 차렸던 자영업자들이 몰락했다. 세상이 어수선한 그런 상황에서 그 아이는 기적처럼 건강하게 환갑을 맞이했다. 환갑을 맞고 보니 무언가 종착역이 가까워져 온 것 같기도 하고 내가 살아온 인생의 무언가를 매듭지어야 할 것 같은 느낌이 든다. 지금까지 내 인생은 생존이 중요했고 먹고 사는 것에만 집중하면서 쉼 없이 달려왔다. 그 인생 여정을 돌아보니 감회가 새롭고 그 힘든 시기를 다시 떠올려 보니 눈물도 난다. 그리고 나름 잘 버티고 잘 살아온 그 아이를 꼭 안아주고 칭찬해 주고 싶은 마음이 차오른다.

몇 년 전에 남양주 곡골 계곡에 작은 농막 하나를 지었다.

그곳에 우리 형제와 아내 집안 식구 7형제, 조카들이 모두 한 자리에 모여 같이 식사하며 내 환갑을 축하해주었다. 그 축하를 받고 보니 그제야 환갑이 실감이 났다. 내 이쁜 아들딸과 어서방네 7형제는 물론 조카들까지 이구동성으로 나에게 그동안 너무 고생을 많이 했으니 이제는 좀 쉬셔야 한다고 덕담을 준다. 나는 마음이 뭉클해 옴을 느꼈다. 모처럼 맥주 한 잔을 시원하게 들이켜며 인간사의 시름을 날려버리는 순간이었다. 나의 환갑을 축하해주기 위해 먼 길을 마다하지 않고 남양주로 달려와 준 어가밴드 7형제 및 조카 여러분들이 정말 고마웠다. 너나 할 것 없이 서로 앞장서며 식사도 준비하는 그 따뜻한 마음을 보니 이게 가족이구나 하는 생각에 눈시울이 붉어졌다.

나는 앞에서도 잠깐 언급했듯이 친구도 많이 없고 아는 동생도 많이 없다. 생존이 우선이었기에 사람 사귈 틈이 없었고 많이 외로웠겠지만 외로워할 틈조차 없었다. 그런데 이 마음 따뜻한 어가 7형제 덕분에 세상에 가장 멋지고 화려한 환갑을 치렀다. 너무 예쁘고 아름다운 추억을 선물해준 이들을 생각해서라도 더 많이 나누며 더 행복하게 살 것을 다짐한다.

포천 직두리 이혁호 동서네 집에서

돈 100억, 1,000억보다 더 소중한 것이 가족이다. 나는 이 사
랑스러운 가족들과 오래오래 같이 살고 싶다. 그래서 더 벅찬
마음으로 우리 형제들의 가화만사성을 두 손 모아 빌어본다.

부자가 아니어도 부자처럼 나누고
치열하게 살면 부자 된다

내가 운영하는 ㈜대한개발과 ㈜웨이크힐이 어느 정도 안정권에 접어들면서 나름 편안한 나날을 보내고 있던 어느 날이었다. 하늘이 내게 준 가장 큰 선물 중 하나인 내 딸 김민지가 결혼을 앞두고 회사 일을 도와주러 왔다. 너무 고맙고 사랑스러웠다. 이제 결혼하면 출가외인 아닌가. 시집을 가면 아빠와 끝까지 살 수도 없고 어엿한 한 가정을 이루며 독립된 삶을 살아가야 한다. 그래서 더더욱 딸과 보내는 시간이 소중했다.

그래서 하루하루 추억을 더 많이 쌓고 싶었다.

　회사 중진의 직책으로 일을 했던 딸은 본인도 아빠와 보내
는 이 시간에 더 잘하고 싶었던지 그 어느 때보다 추진 능력
이나 창의력이 뛰어났다. 그런 능력을 이제 보게 되니 나는
한편으로 우리 딸이 조금 더 일찍 이 아빠와 함께 일을 했으

나 김재문, 아들 김민수, 딸 김민지, 사위 안홍준과 함께

면 어땠을까 하는 아쉬운 생각과 욕심도 좀 들었다. 학벌이 짧은 나는 우리 딸이 아빠가 배우지 못한 한을 채워서 더 좋고 든든했다. 딸은 인테리어 능력도 아주 뛰어났다. 비록 짧은 1년의 시간이었지만 나는 딸과 정이 더 많이 들고 아주 행복했던 시간이었다. '역시, 내 딸이야'라는 확신과 안심이 들었다.

어머니는 살아 계실 때 자신이 이승을 떠나도 자식들만큼 잘 살게 해달라고 빌고 또 비셨다. 그래서 그런지 나와 우리 아들 김민수에게 부자 10년 운이 들었다고 했다. 나는 가끔 잠 못 이루는 날이 있었는데 새벽 1시 즈음에 잠결에 책상다리를 하고 앉았다. 내가 부자가 된 사실을 도저히 받아들일 수 없어서 내가 가진 돈을 처음부터 다시 계산을 해봤는데 역시 천문학적 수준이었다. 그렇게 가난하게 살았던 내가 받아들일 수 없는 수준이었다. 그런데 그렇게 천문학적으로 돈을 번 이후 4~5년이 지나고 나니 주위에서 나에게 회장님이라고 부른다. 그리고 공식, 비공식적으로 세상에 기부도 하게 된다. 그렇게 나는 낯선 부자의 생활에 서서히 익숙해져 갔다.
부자가 아니어도 부자처럼 살면 부자가 된다는 말이 있다.

이건 그냥 부자 흉내를 내라는 게 아니라 삶을 항상 치열하게 살고, 열심히 일한 만큼 주변 사람들과 나누면 된다. 나도 그렇지만 지금 세상의 부자들은 나눔을 실천하는 사람이다. 세상에 아무리 가난해도 나눌 수 없는 사람은 없다고 한다. 특히 가난한 사람의 나눔은 더 특별한 것이라 나중에 더 큰 복으로 다시 돌아온다. 그리고 부자가 되기 위해서는 뭔가 간절함이 있어야 한다. 우리 어머니처럼 자식들을 위해 헌신적인 기도가 있어야 한다. 부자에 조금씩 익숙해져 가니 나름의 부자 철학도 좀 보이기 시작했다. 나로서는 현실 자체가 꿈만 같았다.

딸의 결혼을 앞두고 아빠의 마음을 담아
편지를 쓰다

　내 딸 김민지가 드디어 결혼식을 치른다. 어엿한 한 가정을 이루고 독립된 삶을 살려고 아빠 엄마의 품을 떠난다. 결혼하기 전 아빠와 같이 일하면서 1년의 시간을 보냈다. 그 시간 동안 너무나도 뛰어난 딸의 능력을 보았다. 나는 경영인의 한 사람으로서 내 딸의 능력이 너무 탐이 났다. 그만큼 회사에서 이루어낸 딸의 성적표가 좋았다. 짧으면 짧고 길면 길다고 할 수 있는 딸과 함께 일 한 그 시간에 나는 늘 입가에 웃음꽃이 떠나지 않았다. 아마도 내 인생에서 가장 멋지고 행복한 시간이 아니었나 싶다. 그 시간을 다시 돌아보고 생각하면 인생이 참 달다. 딸의 결혼식 10일을 앞두고 나는 너무 잠이 오지 않아 딸에게 내 진심을 담아 편지를 썼다. 비록 세련된 문장은 아니지만 그 투박한 아빠의 편지를 그대로 올려본다.

딸 결혼식 때 딸의 손을 잡고 입장하는 모습

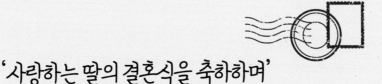

'사랑하는 딸의 결혼식을 축하하며'

지구상에서 하나뿐인 사랑하는 내 딸 민지 양-

눈에 넣어도 아프지 않을 내 딸 민지 양의 결혼을 태평양보다 넓은 어머님 품속같이 포근한 마음으로 축하드립니다. 산천은 의구하되 인걸은 간데없는 어느 시인의 글귀를 생각하며 세월이 너무 빠르다는 생각이 드네요. 누구보다 강하게 살아온 못난 엄마, 아빠(할미꽃) 때문에 유년 시절에 서운하거나, 속상했던 점은 없으셨는지요. 깨끗한 도랑에 흐르는 물에 묵었던 유년 시절 서운함을 모두 씻어 버리고, 저 먼바다로 흘려보내세요. 결혼식 즈음하여 추운 겨울이 끝나고 다시 완연한 봄이 찾아왔습니다. 천마산 기슭에도, 봄꽃 향기의 내음이 가득하고 버들강아지 축축 늘어진 국골계곡 시냇물이 졸졸 흐르는 무릉도원의 계곡 물소리에 바빴던 이내 봄도 잠시 쉬어 감탄하고 발걸음을 멈추게 하네요. 국골 농장 과수원에 복숭아꽃이 아무리 예쁜들, 우리 아가씨 순백의 면사포를 쓴 모습만큼이야 하리오.

어린 시절은 접고, 홍준(남편과 민지 양-) 할미꽃이 했던 것처럼 열심히 많은 것을 이루더라도

절대 보상받으려 하지 마소(명심하셔야 합니다.). 아주 작은 말이라도 해서 스트레스 풀려고 하는 마음, 이것 또한 국골계곡 물에 깨끗이 씻어 보내세요. 사람은 신뢰와 존중, 존경으로 가정이 이루어지지요. 말이 적어도 다 알게 되기 마련입니다. 할미꽃은 어젯밤에 조금은 빠른 천사 같은 상상에 새벽까지 잠을 이루지 못했네요. 말없이 흐르는 눈물을 닦으며, 만감이 교차하였지만, 이렇게 좋을 수가요. 손주와 함께, 넓은 과수원에서 과일도 많이 따주고 계곡에서 고기도 잡고, 물장구도 치면서 행복한 시간을 보내는 아름다운 상상을 해 봅니다. 잠 못 이루는 이 밤이 왜 이리도 긴가요. 기와집을 수백 채 지었다, 허물어버리고 아래와 같은 가사에 노래가 즉흥적으로 떠오르네요. 녹음해서 테이프에 담으니, 유년이 그리울 때 가끔 틀어보소.

'못난 할미꽃'

내 인생 황혼이 오면 끝난 줄 알았는데

인생에 참맛을 다 보고 살았다오

지금 내 나이가 제일 좋더라

사랑하는 민지 양이 결혼을 하니 제일 좋더라

가는 세월 막을 수 없고 지는 해 잡을 수 없어

내 나이 언제 벌서 여기까지 왔는데

언제 벌써 여기까지 왔는데

-4박자 디스크 트로트-

아빠의 출간 예정인 책 표지는 "그 아이는 기부천사가 되었다"로 정했다오. 내년에 전 세계 5개 국어로 편집해서 출간할 예정입니다. 베스트셀러가 되겠지요. 나오는 즉시, 귀하게 드립니다. 할미꽃 삶이 우여곡절과 식지 않는 불굴의 의지로 지나 온 세월은 그리 쉽지만은 않았소. 내 자식으로 태어나줘서 삶에 최고의 영광이었고 행운이었습니다. 지금껏 군소리 없이 잘 살아왔지요. 꼭 "대물림하세요" 글을 쓰며 다시 한번 내 자식임에 고맙고 감사합니다

'너무너무 좋으네요'

출진무적, 앞으로 나아가야 적이 없는 법입니다. 설야족수, 캄캄한 밤에 눈이 많이 내린 길을, 할미꽃이 밟은 발자국만 밟으면서 따라오시면, 가시밭길과 낭떠러지는 없을 것이오. 지혜롭게 여유를 가지고, 편안한 마음으로, 사랑하는 민지 양의 "가화만사성"을 위해 큰소리로 칠성님의 이름을 목놓아 부르며, 빌고 또 빌어봅니다.

사랑합니다.

결혼을 앞둔 할미꽃의 마음을 담아, 몇 자 적어봅니다.

2023.04

　　그렇게 딸의 결혼식을 치렀다. 설렘과 축하하는 마음 사이
에서 마음이 들떴다. 많은 하객이 찾아와 주었다. 친분 있는
지인들이 많이 와 주셨다. 미국에서 온 준식이 누님은 잊지
못할 감동을 주었다. 매형 조카와 남양주 후배들도 참으로 성
대하게 나를 기쁘게 해주었다. 나는 그렇게 면사포를 쓴 딸
김민지의 손을 사위 안홍준에게 넘겨줬다. 바로 그 순간 정말
만감이 교차했다. 아빠로서 바라는 것은 부디 넓은 세상에서
아무 일이 지혜롭게 인생을 헤쳐 나가는 것이다. 온 마음을

담아 그렇게 빌어 본다. 내 어머니가 나를 위해 빌었던 것처럼 내 딸을 위해 빌어 본다.

　결혼식장이 멀어서 못 오신 분들이 가곡리 집까지 찾아와 축하해주고 축의금까지 주고 가셨다. 마음이 참 멋진 분들이다. 정말 끝없이 가곡리 우리 집으로 축하객들이 들이닥쳤다. 이렇게 모여드는 분들을 보니 내가 인생을 참 잘 살았구나 하는 대견함이 든다. 아내 어묘숙, 처형 어명순, 조카 어성자 모두 한 마음으로 음식을 준비했다. 그리고 늦은 시간까지 손님을 대접했다. 작은 이 시골 마을은 이런 풍습이 조상 대대로 내려왔다. 손님들 술잔에 축하받으며 참으로 길고 행복했던 하루가 저물었다.

나는 돈이 많아도
지금의 인생을 다시 살고 싶지는 않다

　이 책을 읽는 내 또래의 친구들 그리고 후배들, 거기에 내가 마음속으로 늘 아끼며 챙기고 싶은 MZ 세대들이여. 그대들의 현재가, 그대들 곁에 있는 사람들이 최고의 재산이라는 걸 알았으면 좋겠다. 이게 무슨 입바른 소리냐고 하겠지만 공부도 많이 못한 내가 환갑을 지나면서 깨달은 것은 돈이 전부가 아니라 나의 하루를 대하는 나의 태도, 내 곁에 있는 사람들이 얼마나 고맙고 대단한 존재이냐는 사실이다.

딸 김민지를 시집 보내고 3개월 만에 아내와 아들, 며느리, 손자 등 온 가족이 함께 인천 송도의 시집간 딸의 집에 모여 맛있는 음식으로 환대를 받았다. 잘살고 있는 모습을 보니 다시 마음이 놓였다. 어느 부모든 안 그러겠는가. 자식 잘되고 행복하기만을 빌고 또 빌었다. 우리는 미련과 아쉬움, 고마움을 뒤로한 채 딸의 집을 떠나 집으로 향했다. 장마철이라 비가 부슬부슬 내린다. 아들은 앞에서 운전하고 있다. 뒷좌석의 아내가 조용한 목소리로 말한다. "이제 남의 식구 된 거야." 정말 만감이 교차했다. 나는 딸이 태어나고 나서 잘 해준 게 별로 없는데 후회가 치밀어 올랐다. 집으로 돌아가는 그 길 내내 마음이 무거웠다. 그러나 딸의 행복한 모습을 보니 속상하거나 불안한 마음은 들지 않았다. '우리에게 보여준 저 모습처럼 우리 딸 잘 살 거야.' 그 마음으로 후회의 마음을 간신히 눌렀다.

나는 요즘 지역 인사들과 간혹 저녁 약속을 갖는다. 그중에는 내가 평소에 만나기 힘든 대단한 사람들이 참 많다. 국회의원 2명, 시장, 남부경찰서장, 환경유역청장, 도시공사 사장, 시 의장, 변호사 등등 많은 고위급인사와 식사 자리를 갖곤 한다. 어떻게 그 아이는 이런 대단한 사람을 만날 수 있었을까. 아마도 내가 저 밑바닥에서 기적같이 이뤄놓은 부의 힘 때문일 것이다. 사람들의 나의 이런 겉모습만 보지만 나는 그걸 이루기 위해 살았던 그 치열함을 보고 스스로 대견해한다. 사실 내게는 너무 과분한 일이다. 그래서 노년에는 시민의 한 사람으로서 조용히 살아가고 싶다. 그게 소박한 내 바람이다.

어린 사춘기 시절에 너무도 가까웠던 내 친구 2명. 정회동,

그 아이는 기부천사가 되었다

정동환도 어린 나이에 먼저 저세상으로 떠나 지금 내 곁에 없다. 가장 가까웠던 내 친구인데 책을 쓰면서 꼭 그 이름을 넣고 싶다. 오랜만에 그리운 친구 이름을 적으니 가슴이 뭉클하다. 아, 이게 정말 꾸밈이 없는 내 삶 아니겠는가. 봄에 꽃이 피고 새가 울면 여지없이 겨울이 눈 깜짝할 새에 다가올 것이다. 어느덧 칠순이 멀지 않은 지금, 서산에 해가 지니 잘 새가 수풀에 든다. 나는 내 삶을 잘 이끌어 왔다. 그리고 이제 집에 돌아와 편안한 쉼의 인생을 즐기고 있다. 골프 치는 것도 3년이라는 세월이 흘렀다. 그 시간 동안 수많은 사람의 성격도 파악했다. 골프는 남들 못지않게 쳤다. 그러나 그 아이에게 골프 운동은 분명 과분한 운동이다. 그런 생각 때문에 조만간 그 운동도 접으려고 한다. 참으로 어려운 시절을 초심을 잃지 않고 살아온 그 아이는 누가 뭐라고 해도 과분함은 사양한다. 그나마 힘이 있으면 아들 뒷바라지하고 큰 꾸지뽕 농장 전지하고 관리하면서 희로애락을 보는 것이 더 좋다.

칠순을 바라보는 지금도 여행, 휴가 한번을 가보지 못했다. 어떻게 준비해서 가야 하는 것도 모른다. 그렇다고 가고 싶거나 욕심이 있는 것도 아니어서 여행, 휴가도 반납한다. 다음

생에 태어나서 쓰겠냐고 물으면 그것도 고개를 저을 것이다. 지금 이 인생을 다시 살라고 물으면 더 강하게 고개를 저을 것이다. 나는 내가 살아온 인생이 다시 되돌아가고 싶지 않을 정도로 힘들고 싫다. 현재는 나름 풍족하게 살고 있지만 나의 어렵고 처절한 젊은 시절로는 절대 돌아가고 싶지 않다. 죽음의 고비를 몇 번이나 넘겼던 그 시절로는 두 번 다시 돌아가고 싶지 않다. 살아온 시절이 너무 힘들어서 다시 그걸 살라고 하면 절대 못 살 것 같다. 그래서 다음 생도 반납한다.

1,000억을 기부하려고 마음먹은 그 아이는 그저 욕심 없이 보잘것없이 태어나 조금 남은 시간을 아낌없이 베풀고 가려고 한다. 훗날 후회 없이 다 태워버리고 한줌의 재가 되면 그만이다. 이 책을 쓰면 나의 이야기를 잘 들어주고 완성해준 조양제 작가님은 이 책이 분명 세계인들이 관심을 가질만한 베스트셀러 소질이 있다고 말한다. 나도 그런 부푼 희망을 안고 이 책을 세상에 내놓으려고 한다. 부디 전 세계 5개국에 아낌없이 뿌려져 MZ 세대들이 각자의 몫에서 큰 에너지와 희망을 얻어갔으면 좋겠다.

나는 책을 마무리하면서 이 책 앞에서 밝혔듯이 1,000억 원

기부를 선언한다. 내가 죽음의 고비를 넘기며 벌어들인 그 돈을 세상을 위해 내놓으려 한다. 이미 아파트 공사 부지도 큰 돈을 주고 계약한 상태다. 그 사업을 성공시키기 위해 PF도 면밀하게 검토해 하나씩 완성해 나갈 것이다. 나는 내가 쌓아온 나만의 인생 노하우와 철학을 보다 많은 사람에게 나누고 싶다. 그리고 내가 걸어 들인 이익금 (그중에는 이 책을 통해 벌어들인 이익금도 있을 것이다)을 경기도지사님, 남양주 국회의원님, 남양주 시장님, 남양주 경찰서장님, 남양주 도의원과 시의원님 등을 모시고 나눔을 선포할 것이다.

다음 생도 반납하며
한 줌의 재로 돌아가련다

나는 옛날 시골에서 올라오신 아버님과 어머님 슬하의 4
남매 중, 2남 2녀의 큰아들로 태어났다. 1975년 당시, 산불
이 심해지면서 국가에서는 화전정리 사업이라는 커다란 프
로젝트를 하였고, 그로 인해 마을로 내려오게 되었다. 어릴
적 반딧불이의 불빛이 있는, 오염이라고는 찾아볼 수 없는
깨끗한 계곡에서 삼삼오오 모여 물놀이를 하고, 배고픔을
달래려고 돌 위에 감자, 옥수수를 구워 먹던 무엇과도 바꿀
수 없는 멋지고 아름다운 유년 시절을 보냈다. 인생의 아름

다움을 어려서 보기도 했다. 계단은 참으로 높고 멀기도 했다. 올라가다 다시 후퇴하고, 또 오르고 밟고 오르기를 여러 차례 반복하면서 벌써 칠순이라는 시간을 눈앞에 두었다. 낫놓고 기역자도 모르는 부모님 슬하에서 그 아이는 초등학교 졸업장을 받았고 자식은 박사 학위를 취득했다. 대를 이어 학식이 발전하니 아주 좋구나.

전 세계 신사, 숙녀 여러분 그리고 21세기 꿈 많은 MZ 세대들이여, 책을 읽고, 모두 꼭 하나만은 가져가셔야 한다. 그 아이의 철학을 가져가 꿈을 펼치시고, 부(富)를 배워 가져야 한다. 모방도 괜찮다. 사나이 나이 20살이면 천하를 얻고 다스릴 것만 같았던 시절을 대한민국 '해병대'에서 불태웠고 친구와 동료 후배들은 대학을 가서 캠퍼스 생활을 할때, 죽음을 다해서 먹고살아야 했던 그 아이는 눈앞이 전쟁터였고, 죽지 못해 살아가야만 하는 신세라는 걸 누가 알았겠는가. 처(어묘숙)를 만나 민수와 민지를 낳아 뒷바라지하신 나의 처에게, 그 아이가 있기에는 모든 것을 아내 덕분이라고 말하고 싶다. 지금의 부(富)가 너무 고맙다. 사랑한다는 말 한마디 못 하고 글을 쓰면서 깨달으니 참으로 불쌍하고 원통하기 짝이 없다. 그래서 감히 큰 소리로 말한다. '처(어묘숙)에게 모든 것을 돌립니다.' 아내 어묘숙이 있어서 모든 것이 가능했다고.

자식을 기르면서, 옛날에 그 아이는 힘들거나 고생하는 과정을 숨기려고 매사에 큰 노력을 했다. 대학 캠퍼스 생활은 귀로 들은 이야기로 대신했고, 나름 고생 없이 살았다. 중년을 넘어서면서 2번의 보증 문제로 인한 사업 실패로 참으로 어처구니없는 일들이 많이 일어났다. 나의 잘못이 없는데, 부도라는 결과가 참으로 받아들이기 힘들었던 시기가 있었다. 시대의 흐름에 보증을 서서 부도가 나보니, 칠성님의 아들로 태어난 그 아이는 견디기 힘든 고뇌에 빠져들었다. 어떻게 해야 하는가. 쥐구멍에도 볕 들 날이 있다는 속담이 지금의 나를 두고 하는 말 아니겠는가.

남양주시 화도읍 마석 선, 후배들의 의리 있고 끈끈한 우정을 유지하기 위해 나는 상대를 존중하고 믿었다. 그러나 선배들은 돈을 버는 길은커녕, 구수하게 나를 구워 삶고 결국은 재산을 모두 빼앗아갔다. 그들은 사기꾼에 불과했다. 시간이 지난 지금, 생각해보면 너무도 큰돈이었다.(물론 나를 배신한 그들은 소수인원이다.) 나는 다시 정신차려 마석 선배 말은 듣지 않고 홀로 생각하며 실천한 것이 적시타 대박을 치게 되었다. 이 책을 읽는 여러분들도 명심하셨으면 한다. 나는 믿고 존중하는 것이 무조건 통하지 않는 것을 부도가 나고 나서야 후회하는 어질지 못한 아이다. 그러나, 오뚝이처럼 다시 일어나 평생 4시 50분에 기상해서 빨리 날이 밝아야 일을 많이 하는데 하는 생각으로 지금까지 40년 이상을 살았다. ㈜대한개발의 타운하우스 시공 때가 어렴풋이 생각난다. 2층 슬라브 모서리에 새벽에 올라가 30여명이 (목수, 철근공) 일하는 모습을 일일이 점검하면서 점심은 불어터진 짜장면을 젓갈에 끼워서 들으니, 뭉쳐서 달라붙은 것을 입으로 베어먹어야 했다. 그 시절을 뒤돌아보니 사람이 맞나 싶다. 지금 생각해도 어떻게 버티고 견뎠는지 모르겠다. 내 딸 민지 양은 박사 학위를 이수했는데, 못난 아빠는 머리가 없어서 노력한 것보다 재산을 조금 모았을 뿐이다.

이 모든 게 지금 살고 있는 집터 덕분일까, 운이 좋은 걸까, 열을 얻으면 반을 베푸는 마음에 하늘이 감동한 것일까? 하는 일마다 MZ 세대들이 말하는 대박이 나기 시작했다. 기상천외한 일이다. 자식이 모두 결혼하여, 출가하고 보니 마음이 편해서일까? '내 삶에 빚진 게 없네.' 라는 생각이 들면서 여유 있는 생활의 연속이로구나. 평생 사업을 하면서 도움을 아낌없이 주신 최상복(화도조합장)님께도 머리 숙여 감사하다고 표현한다. "최회장님, 앞으로 멋지게 의전해서 잘 모시겠습니다. 고맙습니다." 사랑하는 전 세계 MZ 세대들이여, 투자에는 땅이 제일이라는 것을 알려드리고,

세월이 가면 더 오른다는 것을 잊지 마시라. 노력의 과정이나 유년 시절의 지나옴을 보시고 창조하시면 된다. 또한, 장급이나 재산이 많은 점잖은 분들을 조심하셔야 한다.

책을 쓰면서 편집국장이, '회장님 사진 찍게 양복 3벌과 넥타이 5개 정도 가지고 나오세요'라고 했다. 하지만 그 아이는 공교롭게도, 자녀 결혼을 모두 봄에 했기에, 결혼식에서 입었던 양복 한 벌이 전부라고 말했다. 편집국장은 너무 감동한 나머지 말을 잇지 못했다. 이것이 칠순을 바라보는 그 아이의 현실이다. 어린아이들까지 노래방을 안 가본 사람이 없을 정도로 대한민국에 노래방이 유행했었는데, 아직까지 노래방을 가보지 못한 어처구니없는 아이다. 내 인생하고 가사가 똑같아 '인생'이라는 노래를 흥얼거리며 흥을 달래 보기도 한다.

사촌이 땅을 사면 배 아파하는 나라는 전 세계에서 유일하게 우리 대한민국뿐이라고 한다. 가족, 친척, 이웃사촌이 잘 살아야 밥이나 옷이라도 얻어 먹고 입는다는 것을 마음속 깊이 좋아하면 복은 칭찬한 사람에게 온다는 사실을 잊지 말아야 한다. 그저 먼발치에서 자식들 잘 살기만을 칠성님의 이름으로 바라며, 평생 긴 세월을 살다보면 버려야 할 것이 많다는 걸 알게 된다. 어머님이 나에게 그랬던 것처럼 나도 자식한테 많이 물려 주고 죽어서도 자식들 잘 되기만을 바랄 것이다. 만나는 사람마다 밥 사고, 친분이 있는 분에게는 옷도 사드리고 베푸는 마음으로 살다 보니 그 기쁨이 너무도 좋다. 돈 내기가 싫어서(약은 척 하면서) 운동화 끈을 다시 메는 일은 없어야 한다.

나는 단체 골프회장이라는 직책을 2군데 맡고 있는데 사실 그 아이에는 골프는 과분한 운동이라고 생각한다. 그 아이의 마음 속에는 어릴 적 살아온 마음이 늘 바탕에 있는데 베풀면서 내 지역 구리, 남양주에서 '부'를 가졌으니, 지난 모진 세월이 봄 눈이 녹듯 사라지는 것 같다. 배우지도 못한 그 아이는 장관 한 번 한 것보다는 나은데 하면서 입가에 뿌듯함과 미소로 대신해 본다. 그러나 남은 삶을 화려하게 보다는 검소하고 농장관리하면서 자식 뒷바라지 하는 모습으로 살아가련다. 여행도, 휴가도, 가보지도 않았고, 갈 줄도 모르고 굳이 가고 싶지도 않다. 이런 것들은 내 삶에 모두 반납했다. 나는 다시 태어나기도 싫다. 용기도, 극복할 힘도 없다. 그 모진 시간을 더 이상 견딜 수가 없어서 다음 생도 반납하고 깨끗하게 모두 태워버리려 한다. 한 줌의 재가 되는 것이 나의 마지막 소원이다.

"여러분 사랑합니다."

글을 나가면서, 남양주 웨이크힐에서
김재문

Photo story

Kim Jae-moon

나는 골프를 치면서 상대방의 마음 읽는 법을 알게 되었다.
그래서 함께 골프를 하는 사람들에게 골프 옷을 베풀며
나눔을 실천했다.

심석 5회 김재문회장배 골

일시 : 2023년 10월 26일   장소 : 리9

Photo story
Kim Jae-moon

내가 어떤 모습을 하고 있든 간에,

아무런 편견 없이

나를 대해주는 사람을 절대 놓쳐서는 안 돼.

그런 사람은 앞으로도 변함 없이

네 편에 서서 너를 응원해줄 사람이니까.

- 하태완 작가

사랑하는 심석5회 골프모임 여러분~~~

회장배에 먼 길 마다않고 열정을 가지고

함께 해주셔서

가슴이 뭉클하고 한없이 기뻤습니다~~~

상선약수처럼~

아름답고 멋지게 살아가시는 친구들

대단하고 예뻤습니다 ~

어머니 품 속같이 따뜻한 마음에

가슴이 뭉클하고 행복했습니다~~~

미천함을 뒤로 하고

후일 더 발전된 모습으로

후회없는 의전하도록 하겠습니다~~

머리 숙여 감사합니다 ~

사랑합니다~♡♡♡

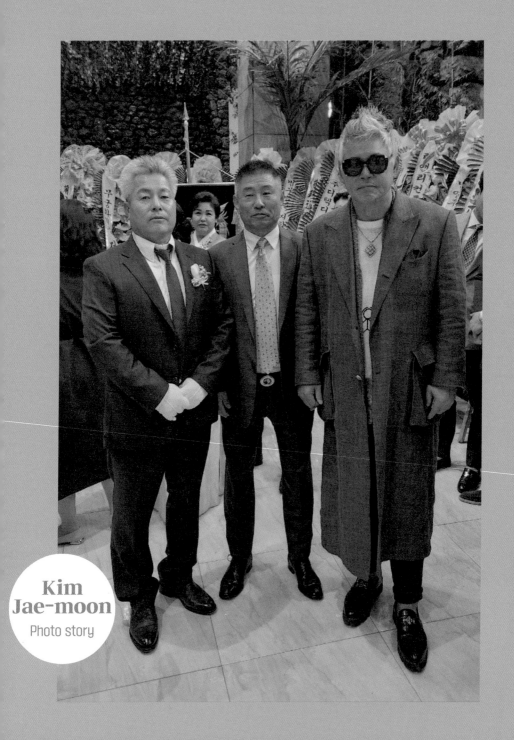

Kim
Jae-moon

Photo story

이웃과 친구, 동료들과 함께하려고 나누고 베푸는 마음은 말로 표현하기 힘들 정도로 좋다. 물은 아래로 흐르게 되어 있다. 물도 그렇지만 돈도 고이면 썩는다. 그 돈이 좋은 곳으로 흘러 들어가면 다시 나에게 좋은 기운이 온다.

강병선 회장, 성주희 회장, 가수 이동준, 이용복 실장, 주광덕 남양주시장,
유길문 회장, 박종팔 챔피언과 함께

Photo story

Kim Jae-moon

[주]대한개발 · 웨이크힐 **회장 김 재 문** (마석초 48회)
불우이웃 성금 1억원 기부
- 마석초등학교 총동문회 -
남양주 15호

화도농협 조합원 김 재 문
불우이웃 성금 1억원 기부
화도농업협동조합
남양주 15호

[주]대한개발 · 웨이크힐 **회장 김 재 문**
불우이웃 성금 1억원 기부
- 화도읍체육회 -
남양주 15호

베푸는 것은 계산하면 안 된다.
계산하는 순간 그건 베푸는 게
아니다. 주려면 그냥 주어야 한다.
돌아올 것을 생각하지 말아야 한다.

나는 인생 후반을 이렇게 가족들과 함께하는 삶을 살 것이다. 그동안 그렇게 못한 시간이 많아 앞으로는 아내, 아들딸, 우리 형제들, 처가 식구들을 더 챙기며 살 것이다. 그것이 진정 아름다운 인생 후반이라 생각한다.

Photo story
Kim Jae-moon

가곡리(곡굴농장)조카들과 환갑 식사 장면

그 아이는 기적처럼 건강하게 환갑을 맞이
했다. 환갑을 맞고 보니 무언가 종착역이
가까워져 온 것 같기도 하고 내가 살아온
인생의 무언가를 매듭지어야 할 것 같은
느낌이 든다.

나는 비록 내 힘은 아니지
만 자식 농사를 잘 지었다.
너무 당당하고 멋지게 자란
우리 아들딸이 자랑스럽다.
그리고 이 녀석들을 이렇게
멋진 작품으로 혼을 다해
만들어 준 아내 역시 너무
자랑스럽다.

나는 이 사랑스러운 가족들과 오래오래 같이 살고 싶다.
그래서 더 벅찬 마음으로 우리 형제들의 가화만사성을 두 손 모아 빌어본다.

Photo story

Kim Jae-moon

평생 4시 50분에 기상해서 빨리
날이 밝아야 일을 많이 하는데
하는 생각으로 지금까지
40년 이상 집을 지으며 살았다.
이제 잠시 숨을 고르며 내 인생
뒤안길을 돌아본다.

" 내 글은 투박하더라도
웬만하면 고치지 말아 주세요."

　출판 기획 쪽 일을 하면서 10년 동안 대략 30여 명의 인물을
만나 책 작업을 진행했다. 1년에 3명꼴로 일을 한 셈이다. 그
중에는 국회의원도 있고 재벌 회장님도 있고 예술가도 있다.
연령대로 보면 30대에서 80대까지 다양하다. 그분들 각각은
자기 삶에 투철했고 나이를 먹어도 열정은 식지 않음을 보여
주었다. 그런데 2023년 남양주 웨이크힐에서 만난 김재문 회
장은 지금까지 만난 사람들과 전혀 다른 모습을 보여주었다.
책 작업을 같이 진행하면서 너무 솔직하고 거침이 없으셨다.
그리고 편집자를 가장 놀라게 한 것 중의 하나는 이 책을 집
필하는 목적이었다. 대부분의 사람은 자신의 명예를 높이거

나 자신의 장점을 알리는 목적으로 책 작업을 한다. 평생 자신이 한 일이 많기에 그걸 입으로 다 설명하기는 그렇고 책으로 남겨서 주변 사람들이 자신을 기억하고 알아주었으면 하는 게 크다. 그러나 김재문 회장은 전혀 그런 모습을 보이지 않았다. 굳이 편집자가 김재문 회장의 독특함을 설명할 필요도 없을 것 같다. 책 작업이 거의 마무리 되어 가는 시점에 김 회장이 얘기한 말이 그의 모든 것을 말한다.

"저는 나누고 베풀기 위해서 이 책을 씁니다. 책으로 번 돈 전액을 기부할 생각입니다. 남들처럼 출판기념회 같은 건 안 하고 출판나눔회를 할 겁니다. 남양주의 유명한 사람, 유명하지 않은 사람들을 모아서 제 인생을 발판으로 한바탕 나눔의 축제를 벌일 겁니다. 소도 한 마리 잡을 겁니다. 2,000명 정도 모아서 소고기와 육회를 베풀고 잔치국수도 넉넉하게 드리려 합니다. 저를 내세우는 출판기념회가 아니라 저를 통해 세상에 기분 좋은 일을 하는 축제의 장을 만들려는 겁니다. 기부도 세금 감면 혜택을 노린 꼼수 기부는 안 합니다. 아마 남양주 시장님이 그 출판나눔회장에 오실 텐데 저는 남양주 사회복지과 직원에게 현장에서 바로 기부할 생각입니다. 그냥 순수한 마음으로 기부를 할 것입니다. 내가 배고프고 힘들게 자란 만큼 여전히 배고프고 힘든 사람들에게 제 큰 뜻을 전하고 싶습니다. 이 책은 그 마음의 첫 출발이라 보시면 됩니다."

김 회장은 책 작업을 시작하던 처음부터 제목을 정해 놓고 계셨다. "그 아이는 기부천사가 되었다" 정말 세상을 따뜻하게 할 천사가 내 눈앞에 있었다. 단순하게 책 작업으로 인연이 된 분이라고 하기에는 너무 감동적이고 멋있다는 생각이 든다. 김재문 회장은 폼 재는 걸 싫어한다. 그래서 양복을 100벌 이상 살 수도 있는데도 여전히 가지고 있는 양복은 한 벌이고 그저 수수하게 다니신다. 만나보신 분들은 다 같은 얘기를 하겠지만 상대를 편하게 하는 재주도 있으시다. 그런 장점들이 사업을 번창하게 하는 힘이 아닌가 생각한다. 그리고 이야기하시는 도중에 항상 눈시울을 적시는 것은 어머니에 관한 생각이다. 고생하다 가신 어머니에게 이렇게 멋지게 성공해서 세상에 큰 기부를 하려는 자식의 모습을 보여주지 못한 것이 마음이 아픈 것이다.

사실 출판기획자 혹은 편집자는 의뢰인이 스스로 부풀어

있어도 중간자적 입장에서 수위 조절을 해야 하는 사람이다. 그런데 김재문 회장의 경우는 오히려 기획자이자 편집자인 내가 더 부풀게 된다. '어, 이 책 의외로 대박 나겠는데.' '이거 MZ 세대들에게 먹히면 폭발적일 수도 있게는 걸.' 나의 이 마음을 김 회장도 같이 느끼고 있었다. 자신감이 넘쳤다. 자기의 이야기를 자랑하는 것이 아니라 자신의 아픔을 보여주고 그 아픔을 뚫고 이렇게 성장한 자기 모습을 통해 세상에 더 힘을 내기를 바라는 마음을 책에 담았기 때문에 거칠 게 없었다. 그리고 거기에 더해 독자에게도 마지막에 큰 충격을 한 방 주신다.

"제가 이 책으로 번 돈을 전액 기부하려고 했다면 이 책을 사신 독자분들도 저의 기부 행위에 자연스럽게 동참하시는 겁니다. 책값 2만 원보다 더 값진 일을 하신 겁니다. 여러분은 단순한 독자가 아니라 세상을 위해 큰일을 하신 기부자이십니다."

가난하고 아팠던 한 아이가 세상에 1,000억을 기부하겠다고 한다. 그 거창한 포부가 이 책을 읽다 보면 거짓이 아님을 확실히 알게 된다. 지금까지 세상에 나온 어떤 책도 이런 목표를 가지고 태어난 책은 없었다. 그래서 책 작업을 하는 내내 가슴이 벅차서 진정하기 힘들었다.

이 책의 본문 내용은 다소 거칠다. 이유는 김 회장의 요청이 있었기 때문이다. 손수 손글씨로 모든 것을 쓰셨다. 편집자는 맞춤법만 보고 몇 가지 문장만 다듬었을 뿐이다. 평생 글을 안 쓰신 분, 책 한 권 안 내신 분이 어떻게 이렇게 재밌고 생생하게 글을 쓰셨을까. 그냥 자신의 인생을 갈아서 썼기 때문이라 생각한다. 자신의 아픔을 글에 갈아 넣었다. 그래서 글에서 핏줄이 만져지고 아픔이 그대로 느껴진다. 스토리는 또 얼마나 빠져드는지. 겉만 화려한 책들을 만나다 이렇게 투박하면서도 솔직 담백한 책을 기획하고 만들게 되어서 너무 행운이라고 생각하고 있다.

책 내용은 두껍지 않다. 김 회장도 미사여구를 넣어 책을 부풀리지 말자고 했다. 있는 그대로 보여주고 사람들이 가볍게 이 책을 읽되 무언가 단 하나라도 건져갔으면 좋겠다는 소박한 바람을 편집자에게 얘기한다. 그 바람은 충분히 이루어질 것이라 본다. 이 책을 손에 든 독자들은 좀 멋있는 글로 포장한 책은 아니지만 '어어' 하면서 빠져들게 될 것이다. 그리고 결국에는 자신이 이 책을 읽은 행위 자체가 세상을 위한 따뜻한 기부였음을 느끼게 될 것이다. 이 책을 자랑해야 할 이유는 바로 거기에 있다. 자신을 위한 책이 아니라 우리 세상을 위한 책으로 기획되고 만들어졌기 때문이다.

김 회장의 글을 일일이 다듬다가 김 회장의 팬이 되어 버린

출판기획자 겸 편집자 조양제

그 아이는 기부천사가 되었다

1판 1쇄 인쇄 _ 2023년 10월 31일
1판 1쇄 발행 _ 2023년 11월 15일

지은이 | 김재문
펴낸이 | 조양제
펴낸곳 | 어진책잇所
책임 편집 | 김용겸
디자인 | 도깨비정원
교정·교열 | 조윤철

펴낸곳 | 어진책잇所
• 등록 2023년 2월 14일(제141-56-00652호)
• 주소 강원특별자치도 원주시 남원로 575번길 42(명륜동) 203호
• 전화 010-5715-3384
• 전자우편 chocopy@naver.com

ISBN 979-11-984240-2-0

값 20,000원